oTreeではじめる
社会科学実験入門

— Pythonのインストールから実験の実施まで —

後 藤 晶 【著】

コロナ社

【本書ご利用にあたって】

　本書で解説している内容を実行・利用したことによる直接あるいは間接的な損害に対して，著作者およびコロナ社は一切の責任を負いかねます。利用についてはすべて読者個人の責任において行ってください。

　本書に掲載されている情報は，本書執筆時点のものです。将来にわたって保証されるものではありません。特に，各社が提供しているソフトウェアパッケージは仕様やサービス提供に係る変更が頻繁にあり，Python のライブラリ群等も頻繁にバージョンアップがなされています。これらによっては本書で解説しているアプリケーション等が正常に動作しなくなることもあるので，あらかじめご了承ください。本書の発行にあたって，読者の皆様に問題なく実践していただけるよう，できる限りの検証をしていますが，以下の環境以外では構築・動作を確認していないので，あらかじめご了承ください。

　PC 本体：MacBook Pro 14 インチ 2021 年モデル

　　　　　　（チップ：Apple M1 Max，メモリ：64 GB）

　開発環境：Python バージョン 3.11.9

　また，上記環境を整えたいかなる状況においても動作が保証されるものではありません。ネットワークやメモリの使用状況および同一 PC 上にあるほかのソフトウェアの動作状況によって，本書のプログラムが正常に動作できなくなることがあります。併せてご了承ください。

　なお，本書に記載している会社名，製品名は，それぞれ各社の商標または登録商標です。本書の購入者に対する限定サービスとして，本書に掲載しているソースコードや章末問題の解答などの補足資料を，以下に示すコロナ社の Web ページに用意したサポートページよりダウンロードできます。ぜひご利用ください。

　https://www.coronasha.co.jp/np/isbn/9784339029482/

　なお，本書に掲載しているソースコードについては，オープンソースソフトウェアの BSD ライセンス下で再利用も再配布も自由です。

ま　え　が　き

　本書は，社会科学における実験研究を行うために，Python や Visual Studio Code のインストールから実験の実施までを紹介する書籍です。経済ゲーム実験などに用いられる oTree† というライブラリを用いて，実験プログラムを作りながら社会科学におけるオンライン実験の方法と意義およびその課題について紹介します。

　昨今では，心理学領域だけではなく，その他の社会科学においても実験を使った研究が多く行われるようになってきました。構造や仕組みの影響を明らかにするという観点から，さまざまな社会科学研究においてもその有用性が認められつつあり，「実験」という手法が大きな期待を受けていることの証拠でしょう。

　多くの社会科学者にとって「実験」や「実験のためのプログラミング」はツールにしか過ぎないでしょう。しかし，当たり前ですがツールは使い方を知らなければ使いようがありません。それにもかかわらず，現状ではこのツールの使い方を学ぶ機会がほとんとありません。

　このような社会科学における実験研究の手法は，研究室ごとに一種の「秘伝のタレ」のように脈々と受け継がれているものであったように思います。研究室に先輩がいなかったり，周りに同じような研究をしているような先輩や仲間がいなかったら実験の手法を学びようがないものでした。筆者も大変苦労をした覚えがあります。

　筆者は現在，クラウドソーシングを用いた実験をよく行っているのですが，クラウドソーシング実験を始めたのは，初めて大学に着任したときのことでした。最初に情報系教員として勤めた大学は，非常に良い教育環境ではありましたが，たくさんの実験参加者を確保することは困難でした。また，研究費も外部資金をなかなか確保できず，新たな研究の方策として思いついたのがオンラ

---

†　https://www.otree.org/

イン実験，特にクラウドソーシングを用いた実験でした。当時，海外ではクラウドソーシングを使った経済ゲーム実験も盛んに行われていたのですが，日本国内で行われた実験はほとんどなかったように思います。それがいまではコロナ禍の影響もあり多くの実験が行われるようになってきました。

本書は，国内で（おそらく世界でも？）初めての「社会科学におけるプレイヤー同士のインタラクションのある実験研究を行うために，ソフトウェアのインストールからプログラミング，そして実験の実施方法までを紹介する」書籍です。社会科学における実験研究の面白さや，その重要性を指摘する本はたくさんありますが，プレイヤー同士のインタラクションのある経済ゲーム実験のような研究に関するテキストは，筆者が知る限り皆無です。本書によって，そのような現状に一石を投じたいと思います。本書をきっかけに，日本国内においても社会科学における実験研究が活発に行われるようになることを願っています。そして，本書を読んで実際に実験をしてみよう！と思われる方が増えたら，大変嬉しく思います。

【本書の狙い】

実験に興味のある社会科学の研究者や学生に対して，社会科学において実験を行うとはどのようなことなのか，そして，どのようにすれば実験を行えるのか実際のプログラミングを含めて理解してもらうことが本書の目的です。本書では，Python のライブラリの一つである oTree を使用した実験設計の基本から応用までを解説するとともに，具体的な実験の設計までをカバーしています。

これにより，実験の手法が広く知られ，より多くの研究者や学生が実験をできるようにすることを目指しています。さらには，だれしもが実験を行えるようにすることで，この分野の発展に寄与し，社会科学の研究方法として実験的アプローチがより広く受け入れられるようにすることも目指しています。特に，高校でプログラミングが必修になっているいま，Python に触れたことがある方も増えているかと思います。プログラミング技術を文系の学問ではどのように活用するのか，その一例になると考えています。

【本書の読み方・使い方】

1章では社会科学における実験の意義を紹介し，2章からは oTree について学んでいきます。3章および5～8章は実際に実験プログラムを作成し，4章では oTree の画面の見方を紹介します。実際に手を動かしながら学んでいきましょう。9章では，おもにラボ実験およびオンライン実験での課題と考慮すべき項目について論じています。手っ取り早く技術的なことだけを学びたい方は，2～8章だけを読んでいただくと良いかと思いますが，全体像を理解するために1章から順番に読み進めていただくのがベストだと思います。

また，初心者でもわかりやすいように，付録には oTree だけでなく，Python のインストールの仕方や基本的なプログラミング方法のほか，オンライン実験のためのサーバの準備方法についても紹介しています。適宜付録も参照しながら読み進めてください。

【想定する読者】

おもに以下のような読者を想定しています。

- 社会科学における「実験」に興味のある学部生・院生・研究者
- オンライン上で調査や実験を実施する必要がある学部生・院生・研究者
- とにかく！どうしても！！卒業研究や修論・博論で実験を行いたいけれどやり方がわからなくて困って，切羽詰まっている学部生・院生

基本的に，文系の学部1～2年生でも oTree による実験を作成できるように執筆しており，「最低限の実験の実施」に必要ない技術については大幅に割愛しています。逆に，この本では「最低限の実験の実施」に必要な技術・知識は紹介できているはずです。不十分な点についてはその他の技術書などを参考にしてください。

2024年10月

著者

目　　　次

1
社会科学における実験とは

1.1　社会科学における実験の意義 ································· *1*

　　1.1.1　経済学と実験 ····································· *2*

　　1.1.2　価値誘発理論 ····································· *2*

　　1.1.3　経済学における実験の意義 ························· *3*

1.2　ランダム化比較試験 ··································· *4*

1.3　経済実験と成果報酬 ··································· *6*

1.4　実験の分類 ··· *8*

　　1.4.1　人工的な空間－現実的な空間 ······················· *8*

　　1.4.2　対面実施－遠隔実施 ······························· *9*

　　1.4.3　本書のターゲット ······························· *10*

1.5　一般的な実験の流れ ··································· *17*

　　1.5.1　事前準備 ····································· *17*

　　1.5.2　本　　　番 ····································· *18*

　　1.5.3　事後整理 ····································· *20*

　　1.5.4　事前説明について ······························· *21*

2

oTree とは

2.1　oTree でできること	24
2.2　プログラム環境	25
2.2.1　oTree を用いた実験のためのスキル	26
2.2.2　本書では触れないこと	27
2.3　oTree の概要	28
2.3.1　oTree とは	28
2.3.2　oTreeの考え方	29
2.4　本書における用語	29
2.4.1　研究と実験	30
2.4.2　セッション，サブセッション，アプリ	30
2.4.3　パティシパント，プレイヤー	31
2.5　oTree のインストール	31
2.5.1　プロジェクトの作成	32
2.5.2　プロジェクトフォルダの作成	32
2.5.3　サーバとして起動	33
2.6　プログラム作成の流れ	34
2.6.1　デフォルトのアプリを見てみよう	34
2.6.2　プログラムを作成するときの手順	35
2.6.3　__init__.py ファイルにおける MODELS の定義	35
2.6.4　html ファイルの定義	36
2.6.5　__init__.py ファイルにおける PAGES の定義	36

3

アンケートを作ってみよう
── アプリ作成の基本と表記の日本語化 ──

3.1　これから作成する実験プログラムの概要 ･･････････････････････････ 38

　　3.1.1　MODELS の定義 ･･･････････････････････････････････････ 40

　　3.1.2　html ファイルの定義･･･････････････････････････････････ 45

　　3.1.3　PAGES の定義･･･ 46

　　3.1.4　SESSION_CONFIGS の定義 ･･････････････････････････････ 47

　　3.1.5　動 作 の 確 認･･ 48

3.2　表記の日本語化 ･･･ 48

章 末 問 題･･ 49

すべてのプログラム ･･･ 49

4

画 面 の 見 方

4.1　oTree 全体の画面構成 ･･･ 52

　　4.1.1　デモ画面（Demo）･･････････････････････････････････････ 52

　　4.1.2　セッション画面（Sessions）･･･････････････････････････ 53

　　4.1.3　ルーム画面（Rooms）･･････････････････････････････････ 54

　　4.1.4　データ画面（Data）････････････････････････････････････ 54

　　4.1.5　サーバチェック画面（Server Check）･･････････････････ 56

4.2　個別セッション・アプリでの画面構成 ･････････････････････････ 57

　　4.2.1　更新画面（New）･･･････････････････････････････････････ 57

　　4.2.2　リンク画面（Links）･･･････････････････････････････････ 57

4.2.3 モニター画面（Monitor） ……………………………… 59

4.2.4 データ画面（Data） ……………………………………… 60

4.2.5 支払い情報画面（Payments） ……………………… 62

4.2.6 概要画面（Description） ……………………………… 62

4.3 Rooms の設定 ……………………………………………………… 63

4.3.1 _rooms フォルダの作成 ……………………………… 64

4.3.2 label ファイルの設定 …………………………………… 64

4.3.3 settings.py の設定 ……………………………………… 65

4.3.4 実験実施時の利用方法 ………………………………… 66

5

公共財ゲーム実験を作ろう
── インタラクションのある実験の基礎 ──

5.1 公共財ゲームとは …………………………………………… 69

5.2 これから作成する実験プログラムの概要 ………………… 70

5.3 アプリ作成の手順 ……………………………………………… 74

5.3.1 MODELS の定義 ………………………………………… 74

5.3.2 html ファイルの定義 …………………………………… 77

5.3.3 PAGES の定義 ………………………………………… 79

5.3.4 SESSION_CONFIGS の定義 ………………………… 81

5.3.5 動作の確認 ……………………………………………… 82

5.4 ゲーム実験のマッチング …………………………………… 82

5.4.1 パートナーマッチング ………………………………… 83

5.4.2 ストレンジャーマッチング …………………………… 84

5.4.3 パーフェクトストレンジャーマッチング ………… 84

章末問題 ……………………………………………………………… 85

viii　目　　　　　次

すべてのプログラム ……………………………………………………… *85*

6

独裁者ゲームを作ろう
—— 条件別画面表示とチャット ——

6.1　独裁者ゲームとは ……………………………………………………… *89*

6.2　これから作成する実験プログラムの概要 ………………………… *90*

6.3　アプリ作成の手順 ……………………………………………………… *94*

　6.3.1　MODELS の定義 …………………………………………… *94*

　6.3.2　html ファイルの定義 ……………………………………… *96*

　6.3.3　PAGES の定義 ……………………………………………… *98*

　6.3.4　SESSION_CONFIGS の定義 …………………………… *101*

　6.3.5　動 作 の 確 認 ……………………………………………… *102*

6.4　チャットを導入する …………………………………………………… *102*

章　末　問　題 ………………………………………………………………… *103*

すべてのプログラム ……………………………………………………… *103*

7

最終提案ゲームを作ろう
—— 時間制限とボタン入力 ——

7.1　最終提案ゲームとは …………………………………………………… *107*

7.2　これから作成する実験プログラムの概要 ………………………… *108*

7.3　アプリ作成の手順 ……………………………………………………… *115*

　7.3.1　MODELS の定義 …………………………………………… *115*

　7.3.2　html ファイルの定義 ……………………………………… *118*

| | | 目 | 次 | ix |

7.3.3　PAGES の定義 ……………………………………………… *121*

7.3.4　SESSION_CONFIGS の定義 ………………………… *125*

7.3.5　動 作 の 確 認 ………………………………………… *126*

7.4　ボタン入力の設定 ………………………………………………… *127*

章 末 問 題 ……………………………………………………………… *130*

すべてのプログラム ………………………………………………… *130*

8

信頼ゲームを作ろう
── 表形式の出力と報酬の表示 ──

8.1　信頼ゲームとは ………………………………………………… *136*

8.2　これから作成する実験プログラムの概要 …………………… *137*

8.3　アプリ作成の手順 ……………………………………………… *143*

8.3.1　MODELS の定義 …………………………………………… *143*

8.3.2　html ファイルの定義 …………………………………… *145*

8.3.3　PAGES の定義 ……………………………………………… *149*

8.3.4　SESSION_CONFIGS の定義 ………………………… *152*

8.3.5　動 作 の 確 認 ………………………………………… *153*

8.4　payoff の設定とポイントの扱いについて ………………… *154*

章 末 問 題 ……………………………………………………………… *157*

すべてのプログラム ………………………………………………… *157*

9

バーチャルラボ実験の課題

9.1　社会科学実験全般で注意すること ………………………… *163*

x 目　　　　次

9.1.1　ラボ実験での留意事項 ··· 163

9.1.2　オンラインラボ実験での留意事項 ···································· 164

9.1.3　クラウドソーシング実験での留意事項 ························· 165

9.2　バーチャルラボ実験一般に関わる課題 ······························ 167

9.2.1　回答環境のあいまい性 ·· 168

9.2.2　回答端末の差異 ··· 169

9.2.3　途　中　離　脱 ··· 170

9.3　実験のモラルと課題 ··· 174

9.4　実験研究のこれから ··· 175

9.4.1　実験プログラムの公開 ·· 175

9.4.2　プレレジストレーション（プレレジ） ························· 176

9.4.3　レジストレーションレポート（レジレポ） ················· 176

付　　　　録

A.1　Python のインストール ··· 178

A.1.1　Windows 環境でのインストール ···································· 178

A.1.2　Mac 環境でのインストール ··· 179

A.2　Visual Studio Code のインストール ····································· 180

A.2.1　Windows 環境でのインストール ···································· 180

A.2.2　Mac 環境でのインストール ··· 181

A.3　サーバにアップしよう ··· 182

A.3.1　サーバの準備 ··· 182

A.3.2　サーバの設定 ··· 182

A.4　Python の基本 ··· 188

A.4.1　基本的なプログラム ·· 188

A.4.2　oTree における関数の扱い方 ··· 191

A.5　html テンプレートの基本 ·· 192

A.5.1　基礎的なプログラム ·· 192

A.5.2	if 文を用いた条件分岐		193
A.5.3	for 文を用いた繰り返し処理		194
A.6 oTree におけるフィールド			195
A.6.1	CurrencyField		195
A.6.2	IntegerField		195
A.6.3	FloatField		196
A.6.4	BooleanField		196
A.6.5	StringField		197
A.6.6	LongStringField		197
A.7 Q&A：アレがしたいときのチェックリスト			198
A.7.1	インストールがうまくいかない		198
A.7.2	エラーが出たら最初にするべきこと		198
A.7.3	Python のバージョンが合わない		198
A.7.4	oTree が入っていない		199
A.7.5	db.sqlite3 を消してほしい		199
A.7.6	関数や変数がないって叱られた		199
A.7.7	複数のアプリを続けて実行したい！		199
A.7.8	ダウンロードしたデータが文字化けしている		200
A.8 さまざまな Web 技術の活用			201
A.8.1	Web 解析ツール：mouseflow		201
A.8.2	可視化ツール：highcharts		202
A.8.3	インタラクティブチュートリアルシステム：intro.js		202

引用・参考文献 204

おわりに 211

索　　引 215

1

社会科学における実験とは

　昨今では，心理学に限らず，経済学や会計学，政治学といったさまざまな「**社会科学**」と呼ばれる研究分野において，「実験」という手法が注目を浴びています。異なる学問領域の研究者が「実験」を共通言語として社会現象を解明し，これからの社会のデザインを試みる**実験社会科学**という新たな学術領域の開拓の試みも行われています[1),2),†]。

　本章においては，なぜ社会科学において実験という手法が利用されるようになったのか整理した上で，その種類や課題について検討します。

1.1　社会科学における実験の意義

　実験社会科学という領域では，ラボ実験のみならず，フィールド実験や調査，コンピュータシミュレーションなども「実験」として包含しています。社会科学の中でも心理学においては実験的な手法は多く行われているので皆さんも想像しやすいかと思いますが，従来では実験的な手法が多く取り上げられてこなかった経済学や会計学，政治学，法学といった分野においても，近年では実験的な手法が注目されています[3)～6)]。

　社会科学において実験という手法が広く用いられるようになってきた理由は，経済学において実験研究が認められるようになってきたことにもあると思います。それでは，なぜ経済学では実験研究が認められるようになってきたのでしょうか。まずは，簡単にその理由から考えてみましょう。

---

　† 　肩付数字は巻末の引用・参考文献の番号を表す。

1.1.1　経済学と実験

経済学において，初めて実験という手法が用いられた研究は，ハーバード大学のE・チェンバレン（E.H. Chamberlin, 1899～1967）によると言われています[7]．そして，経済学における実験という手法を大きく花開かせたのは，2002年のノーベル経済学賞受賞者の1人であるV・スミス（V. Smith, 1927～）です．彼は1982年に価値誘発理論という枠組みを提唱し，経済理論に基づく枠組みを実験室内で再現した上で，人間を実験参加者として扱い，データを収集することにより理論を検証するという**実験経済学**という分野を確立しました[8]．

1.1.2　価値誘発理論

実験参加者である個人は，それぞれ好みや優先するものが異なります．経済学では，これを**選好**という表現をします．**価値誘発理論**は，異なる選好を持つ実験参加者の選好をコントロールしようとする理論です．価値誘発理論の確立により，実験参加者に成果報酬を支払うことで経済学における実験が研究として認められるようになりました[†]．以下に価値誘発理論の概要を示します．

非飽和性　　実験参加者は，いくらもらっても満足しないものをインセンティブとして設定する必要がある．

> **ex**　お金は 10,000 円もらっても足りないが，お菓子は 1,000 個ももらったら飽きてしまう．

感応性　　実験参加者は，実験結果が良いものであれば多くのインセンティブを得られる必要があるし，実験参加者は実験結果とインセンティブの関係を理解している必要がある．

優越性　　実験参加者は，インセンティブ以外の理由によって選択を左右されてはならない．

情報の秘匿　　実験参加者は，自身の実験結果を他人に知られてはならない．

類似性　　実験参加者が，実験で行った意思決定を現実の経済事象にあてはめることができなければならない．

[†]　価値誘発理論の詳細については，別書を参考にしてください[9], [10]．

1.1 社会科学における実験の意義　*3*

　しかし，必ずしもスミスの言及する優越性は成立するとは限りません。例えば，経済ゲーム実験において，均衡以外の結果が導かれる場合には，実験参加者が設定されたインセンティブ以外の要因によって意思決定を下していることになります。そして，類似性は外的妥当性や内的妥当性の議論とも関連します†。類似性は換言すれば，外的妥当性が確実であることを前提としているのかもしれませんが，外的妥当性が確実であるとは言い切れませんし，実験によっては低いこともあるでしょう。実際には，非飽和性と感応性を想定した上で，類似性を期待しながら実験を行っているということが現実的なところでしょう。

1.1.3　経済学における実験の意義

　それでは，なぜ経済学においてこのような実験研究が注目されるようになったのでしょうか。一つの理由として，（仮想的に）興味・関心のある事象の**構造**や**仕組み**に着目して，その事象の影響を明らかにすることができる点にあります。すなわち，具体的に原因となる要因（**独立変数**）を変化させて，どのような結果（**応答変数**）が得られるかを検討できる点にあります。

　もちろん，実験で得られた結果が必ずしも高い外的妥当性を有しているとは限らず，実験で検証したことが必ずしも社会において同じような結果を直接的に再現できないこともあります。しかしながら，その実験結果をもとに，社会実装への示唆を得ることはできます。

　多くの心理学者は，どのような「心理的要因」が人間の行動に影響するのか解明を試みようとする研究に興味があるのかもしれませんが，経済学などのほかの社会科学者はどのような社会的な構造ないしは仕組みが人間の行動に影響するのかを中心に興味関心を抱いてきました。ゲーム理論等の発展により，その構造や仕組みを数理モデル化できるようになってきたことが実験研究へつな

---

　† 外的妥当性とは，得られた結果がどの程度一般化できるか，ということを示すものです。一方で，内的妥当性とは，同様の実験を実施したときに，研究として得られた結果がどの程度一致するのか，ということを意味しています。

4   1. 社会科学における実験とは

がってきた側面もあります。興味・関心のある事象をモデル化し，実験の枠組みに落とし込んだ上で，その構造や仕組みの影響を明らかにしたいと考えています。したがって，多くの社会科学における実験では，構造や仕組みをなるべくシンプルなモデルに落とし込んだ上で，なるべく少ない変数で説明できるようにしようとします。そのために，さまざまな変数の影響を調べようとするのではなく，実験刺激として設定した1〜2変数の影響の検証を第一に計画するのが良いと考えられています[†1]。

1.2　ランダム化比較試験

それでは実験をするときには，どのように設計をすれば良いのでしょうか？実験を実施する際に一番大事な基礎となる考え方として**ランダム化比較試験**（randomized controlled trial，**RCT**）があります。当初，このRCTという考え方は医療分野で用いられていましたが，現在ではさまざまな分野で使われる考え方となりました。

RCTは，図1.1のように**統制群**（対照群，コントロール群とも言う）と**実験群**に分けて，それぞれに異なる処置を行い，その結果を比較することで，処置の効果を検証する手法です。現在，再現性の観点から「目の絵」に関する研究が注目を浴びています。これは，ざっくり言うと実験参加者に人の「目の絵」を見せることで，より向社会的になるという研究です[†2]。例えば，公共財ゲームにおける「目の絵」の効果を検証したいとします。その場合には統制群には目の絵を見せずに実験を行い，実験群には目の絵を見せて実験を行うことが「目の絵」の効果を検証する手法の一つです。「目の絵がある条件」と「目の絵がない条件」に実験参加者を**ランダム**に割り当てて，その差分を目の絵の効果として評価することができます。

[†1]　実際には，実験刺激として設定した1〜2変数の影響をメインとして分析した上で，さらに補足的に心理的要因が影響するのか詳細に分析をすることが（よく）あります。

[†2]　「目の絵」によって向社会的行動が促進されることはさまざまな実験で指摘されている反面[11),12)]，研究の再現可能性に課題があることも指摘されています[13)〜15)]。

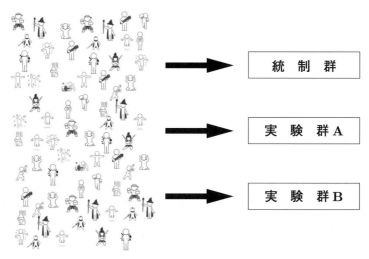

図 1.1　RCT の概要

　その際には，統制群と実験群をランダム（無作為）に割り当てなければならず，男性や高齢層を統制群に，女性や若年層を実験群にするなどの特定の属性に基づいて割り当ててはいけません。なぜなら，その属性が結果に影響を及ぼす可能性があるためです。例えば，若年層を統制群に，高齢層を実験群に割り当てた場合に，実験群で多く貢献するという結果が見られたとします。その場合，「目の絵」の効果であるのか，年齢の効果であるのか，あるいはその組合せ（交互作用）の効果なのか区別することができなくなってしまいます。そのために，統制群と実験群をランダムに分けることが重要です。ランダム化は実験の信頼性を高めるために重要な要素となります[†]。

[†]　RCT の考え方については別書を参考にしてください[16], [17]。また，実験参加者等に偏りなどがある場合には，共変量を統制したり，準実験デザインとも呼ばれる回帰不連続デザインや傾向スコアマッチング，操作変数法や差の差の分析といった分析を組み合わせる必要もあるかもしれません。

1.3　経済実験と成果報酬

経済実験とは，意思決定の結果に応じた成果報酬（インセンティブ）が設定される実験のことを指します。ここでは特に，ゲーム理論の枠組みを用いたプレイヤー同士のインタラクションのある実験を例として紹介します。

社会科学において，実験を行う目的の一つは，学術的な理論が現実においても成立するのかを明らかにすることにあります。ゲーム理論や経済学などによって理論的に導き出される「**均衡**」[†1]。や諸学問が予測するところと，現実世界の人間の「**行動**」が実際に一致するのか，検証するツールとして重要視されています。

経済学領域に限れば，**実験経済学**（experimental economics）などと呼ばれていますが，いまでは経済学領域にかかわらず，さまざまな学問領域で注目を浴びています[†2]。幅広い社会科学領域での実験研究が積み重ねられていることが**実験社会科学**（experimental social sciences）と呼ばれている所以です。

経済学における実験では，成果報酬の有無も一つの重要な論点となります。原則として成果報酬，すなわち実験結果に応じた成果報酬を与えることが求められますし，成果報酬がないことを理由に査読つき論文を投稿してもリジェクトされることがあります[†3]。これは先述のスミスが提唱した価値誘発理論に基づいています[8]。

経済実験に対して，**心理実験**という表現をすることがあります。これは，心

[†1]　本書の中ではしばしば「合理的経済人の行動」として表現しています。

[†2]　筆者が共同研究をしている研究者には，経済学者のみならず，会計学者や社会心理学者，社会神経科学者，数理社会学者や情報科学者などさまざまな領域の研究者がいます。換言すれば，ゲーム理論と実験を学べば，さまざまな研究に応用できる可能性があると言えます。

[†3]　ただし，このことと社会における成果報酬の意義は異なる問題です。成果報酬という制度が必ずしも社会にとって良い結果をもたらすというわけではありません。例えば，成果報酬のような外発的なインセンティブが，個人の労働意欲や，社会的な倫理を守ろうとする内発的な動機づけを失わせてしまい，パフォーマンスを低下させてしまうというモチベーションの**クラウディングアウト**という現象が指摘されています[18],[19]。

理学で多く実施されるような個人の意思決定の心理的メカニズムに関する研究を中心に行うものを指すことが多いです。心理実験と経済実験の違いは，明らかにしたい対象が仕組みなのか，人の意思決定に関わる心理的メカニズムなのかといったような違いにもありますが，報酬制度の設計にもあります。経済実験では，原則として先述のとおり成果報酬の設定が求められますが，心理実験では成果報酬を必ずしも必要とされません†。研究の内容によっては，参加者の自然な行動や選択，心理的反応を観察することである場合に，最も利益を得られる選択に偏ってしまったり，内発的な動機づけを評価したい際に外発的な動機づけとなる成果報酬を与えてしまうと，観察したい事象を観察できずに研究の結果に歪みを生じさせる可能性があるためです。

　しかしながら，個人の意思決定に関する分析を行いながらも，成果報酬を設定すると経済実験として扱われる場合もあります。例えば，50%の確率で1,000円を得られるくじと，確実に500円得られるくじではどちらを選ぶか，といったリスクに関わるようなアンケート形式の実験や，異時点間選択に関わるような実験は，実際に成果報酬を与えられるのであれば経済実験であり，そうでなければ心理実験として区分して良いでしょう。多少あいまいではありますが，本書ではおおよそ成果報酬を設定可能な状況において，成果報酬がある実験を経済実験，成果報酬がない実験を心理実験として呼ぶこととします。ほかにも，分類が難しいものとして価格，品質，デザインなど複数の製品またはサービスの属性が，消費者の選好にどのように影響を与えるかを評価する**コンジョイント実験（コンジョイント分析）**があります。本書ではそういったものを包含して，社会科学における実験的な手法を用いた研究を総じて**社会科学実験**と呼ぶこととしましょう。

---

† 　心理学でも経済実験として成果報酬を与えた実験をされている方も見受けられますが，分野が異なるとインセンティブに対する理解も大きく異なるようです。実際に，心理学系の研究会で報告をしたときに，シニアの先生に「あんたの言っていることは全然わからん，インセンティブを与えるなんてとんでもない！人間のモチベーションを理解することができないじゃないか！」というコメントを受けたことがあります。各研究分野が想定する人間像に基づいた「御作法」ということもあるのでしょうが，研究の目的に応じてインセンティブの設計を考える必要があることは間違いありません。

1.4 実験の分類

さて,ここまでさまざまな「実験」という言葉を用いてきましたが,それでは実験にはどのような種類があるのでしょうか。ここでは社会科学実験の実施方法について,「人工的な空間−現実的な空間」という関係を縦軸に,「対面実施−遠隔実施」という関係を横軸として,図 1.2 のように整理しました。この分類を踏まえて,本書がおもなターゲットとする「バーチャルラボ実験」について整理します。

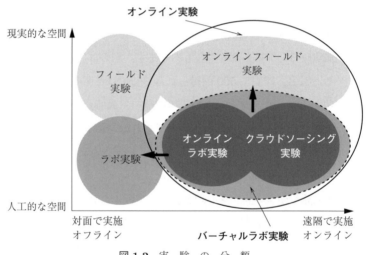

図 1.2 実 験 の 分 類

1.4.1 人工的な空間−現実的な空間

はじめに,簡単に縦軸の関係について触れます。**ラボ実験**とは,いわゆる**実験室実験**です。実験参加者を実験室などの一定の場所に集めて,その意思決定データを収集する手法のことを指します。介入の有無や仕組みの違いを実験に組み込むことにより因果関係を推論できるというメリットがあります。しかしながら,人工的な空間であり**類似性**や**外的妥当性**の問題,すなわち実験室での行動が現実の人間行動と一致しない可能性があります。

1.4 実験の分類　9

　一方で，**フィールド実験**は，実験実施者が実験参加者のいる現場に出向いて施策による介入の効果を検証したり，実際の現場で実験参加者の選好や態度などの指標を現実的な空間で測定する手法のことを言います。フィールド実験では，現実の行動に介入するために現実の効果を評価できるというメリットがありますが，コストが大きい，因果関係の推定が難しいというデメリットもあります。例えば，**開発経済学**という分野では施策の有効性を評価するために，予備実験からフィールド実験を行うことがありますし[16)]，行動経済学におけるナッジに関する研究においてもアプリを使って情報を提供する群としない群での行動変容を比較するなど，さまざまな実験が行われており[20)]，非常に有用な手法です。

1.4.2　対面実施 – 遠隔実施

　続いて，横軸の関係について検討します。先に述べたように，ラボ実験では実験室など一つの空間に実験参加者[†1]を集めます。ラボ実験には，実験室内でコンピュータネットワークを用いた実験を含みます。

　図 1.2 で実線で囲まれている部分は，実験実施者と実験参加者が遠隔地にいて，インターネットを介して実施する実験を示しており，これを**オンライン実験**と呼ぶこととします。オンライン実験は，オンラインフィールド実験とバーチャルラボ実験の 2 種類に分けることができます。オンラインフィールド実験とは，オンライン上で実施するフィールド実験のことを指し[†2]，ラボ実験をオ

[†1]　ちなみに，学生の実験参加者のリクルーティングにもさまざまな工夫が必要です。一度だけ実験を実施するならば，授業等で声を呼び掛けるだけで良いかもしれません。しかし，継続的にさまざまな実験を行う研究機関の場合は sona systems（https://www.sona-systems.com/）や ORSEE（http://www.orsee.org/web/）などの実験参加者管理システムを導入して，過去に同じような実験に参加していないかなどをチェックしながら実験参加者を確保しているようです。これであれば，ラボ実験でもオンラインラボ実験でも同様に実験参加者を確保することができます。

[†2]　クラウドソーシング実験は，ある意味では現実的な空間で課題を行っているという意味で「オンラインフィールド実験」に分類される方もいます（その意味を含めてわずかに上に配置しています）し，例えば，公開されている Web ページ上でのデザインの違いに着目してアクセスした人の行動の違いを分析するというような実験に着目して「オンラインフィールド実験」に分類される方もいます。しかし，本書では図 1.2 のように広く分類することとしておきます。

10　　1.　社会科学における実験とは

ンライン上で実施するものを**バーチャルラボ実験**と呼ぶこととします。

　バーチャルラボ実験は，さらに実験参加者の集め方によって2種類に分類します。一つは，大学生や社会人などの特定の実験参加者を募集して実施する実験です。このような形式の実験を**オンラインラボ実験**と呼ぶこととします。おもに，Zoom などのオンライン会議システムを用いて実験参加者が実験実施者に即座にコンタクト可能な環境を確保しながら数人〜数十人程度の実験参加者を集めて実施する実験を想定しています。一方で，クラウドソーシングを用いて不特定多数の実験参加者を大量に募集して，オンライン会議システムを用いて実験参加者が実験実施者に即座にコンタクト可能な環境を確保せず実施する実験のことを**クラウドソーシング実験**と呼ぶこととします。例えば，同時に数百人程度の実験参加者を集めて実施するような実験を想定しています。

用語の整理

ラボ実験：実験室に実験参加者を集めて実施する実験
- 実験室内でコンピュータネットワークを使う実験を含む

バーチャルラボ実験：実験実施者と実験参加者が遠隔地にいて，インターネットを介して実施する実験
- **オンラインラボ実験**：特定の実験参加者を募集して，オンライン会議システムを用いて実験参加者が実験実施者に即座にコンタクト可能な環境を確保しながら実施する実験
- **クラウドソーシング実験**：クラウドソーシングを用いて不特定多数の実験参加者を集めて，オンライン会議システムを用いて実験参加者が実験実施者に即座にコンタクト可能な環境を確保せずに実施する実験

1.4.3　本書のターゲット

本書では，バーチャルラボ実験†をおもなターゲットとして取り上げますが，

---

† 　バーチャルラボ実験を含むオンライン実験は**計算社会科学**という学問領域においても注目されています。計算社会科学では，社会科学的な課題に対して，ビッグデータによる分析，シミュレーションによる理論研究，オンラインによる実験による解決を試みる学問領域です[21]〜[23]。オンライン実験は計算社会科学を支える重要な構成要素であると言えます。

oTree はラボ実験やオンラインフィールド実験を実施する際にも十分に有用です。ラボ実験を実施する際にも，インターネットに接続できる環境があれば，バーチャルラボ実験と同様に実験ができますし，フィールド実験を実施する際には，行動データのみならず，実験参加者の主観的なデータを取得したりする必要があります。そのようなときには，大いに役立つことが期待できます。しかしながら，この分類に従えば，フィールド実験以上にラボ実験で大きな効果を発揮すると考えられます。

　ここでは，おもに oTree が効果を発揮するラボ実験とバーチャルラボ実験の違いについて簡単に整理しておきましょう。

（1）ラボ実験　　ラボ実験は先述のとおり，実験室に実験参加者を集めて実施するものです。したがって，実験参加者は統制された環境で実験に参加することになります。そのため，厳密に検証したいものだけを検証することが可能ですが，ラボ実験には課題が残ります。1.4.1 項で言及した外的妥当性の問題以外にもコストも大きな問題です。厳密に統制されたラボ実験を実施するためには，非常に大きなコストが掛かります[†1]。例えば，**図1.3** は玉川大学脳科学研究所に設置されている実験室の写真です。図 (a) は実験ブース前の廊下です。実験参加者はそれぞれ図 (b) の実験ブースに入って実験を実施することになります。また，図 (a) と図 (b) の間にはカーテンによる間仕切りがあり，ブース内にいる実験参加者がほかの実験参加者と顔をあわせることがないように設計されています。実験実施者は図 (c) の実験準備室で実験の指示をするなど，実験全般の管理を行います。

　ここは社会科学における実験を実施するためには，非常に理想的な環境でしょう[†2]。しかしながら，このような環境を整備するためには非常に大きなコストが掛

[†1]　社会科学の中でも，古くから実験研究が積み重ねられている心理学系の研究室では「実験室」のようなものが用意されることが多くあるかと思います。一方，実験研究の歴史が浅いその他の社会科学領域においては，「実験室」が用意されることはほとんどありませんでした。そのために，コンピュータ教室で実施するなどさまざまな工夫を行ってきました。しかしながら，昨今では少しずつ設置される大学も増えてきたようです（筆者の職場にはありませんが・・・）。

[†2]　さらには，fMRI もラボから遠くないところにあり，実験社会科学的な課題を行っているときの神経活動を観察するなど，さまざまな研究が行われているそうです。

12   1. 社会科学における実験とは

(a) 実験ブース前の廊下　　　　(b) 実験ブースの例

(c) 実験準備室

図 1.3　玉川大学脳科学研究所の実験室
〔写真提供：高岸治人先生（玉川大学脳科学研究所）〕

かります．経済ゲーム実験のような集団実験を実験室で実施するためには，複数のPCが用意された環境を用意する必要があります．実際には，コンピュータ教室などで対応される方が多いでしょう．しかしながら，それだけでは環境として不十分かもしれません．例えば，ほかの実験参加者の意思決定が覗かれないように，もしくは実験参加者が自身の意思決定が覗かれていると感じられないように間仕切りを設けて実験を実施することが多くありますし†，広いコンピュータ教室がある場合はお互いに画面が見えないように間隔を開けて実験を実施することもあります．
　ほかにも，実験参加者の偏りという問題があります．一般に，大学で実験をする以上は実験参加者は大学生が中心になることが多くなります．しかし，そ

---

† これには，多くの実験室のない研究者が苦労されています．例えば，段ボールを活用したり，コンロの油はねガードなどを間仕切りとして活用するなどの事例を聞いたことがあります．

れでは「大学生」に偏ってしまい，一般の方々の行動とは異なっている可能性もあります。一般の方々を対象とした実験を実施している研究者たちもいますが，一般の方々を大学などの教室に呼んで，実験に参加してもらうには，非常に大きな労力が掛かることは想像が容易でしょう。

　大学生であろうが，一般の方々であろうが実験参加者を集めたとしても，一つの実験の参加者として確保できる人数には上限があります。一度のセッションで対応できる人数にも限界がありますし，複数のセッションを実施するにしても謝金や時間等のコストの観点からも課題が残ります。現実的には，ラボ実験では特別な環境を用意しない限りは最大でも一つのセッションで数十人程度，一つの実験で数十人から4〜5百人程度の実験参加者を募ることが実行可能な規模ではないでしょうか。

　いずれにしろ，ラボ実験を実施するためには実験参加者を一つの空間に集めて，実験実施可能な端末などを用意する必要があります。これらの環境を準備するには非常に大きなコストが掛かります。

（**2**）　**バーチャルラボ実験**　　一方，バーチャルラボ実験はインターネットで実験実施者と実験参加者同士をつないで実施する実験のことを指します。大きな特徴は実験参加者同士が1か所に集まるのではなく，遠隔で実施されるという点です[†]。特に，コロナ禍においては，実験室のような空間に集まって実験を実施することは困難でしたが，多くの研究者は研究を継続するために，さまざまな形態でのバーチャルラボ実験を実施されました。

　バーチャルラボ実験の実施には，さまざまなハードルがありますが，一番の問題は実験マテリアルの作成でしょう。言うまでもありませんが，バーチャルラボ実験を実施するためにはインターネットを介して実験を実施できるように準備をする必要があります。例えば，経済学実験で標準的に使われてきた z-Tree (Zurich Toolbox for Readymade Economic Experiments)[26] ではインターネットを介して実験を実施することはできますが，そのための特殊な準備が各

　[†]　インターネットを介した経済実験については森[24] などが詳細に論じています。また，黒木[25] では，心理実験におけるバーチャルラボ実験の長所と短所が整理されています。

実験参加者について必要です[1]。ブラウザを使って実験ができるような環境を構築できれば，実験参加者も特別な準備をすることがなく実験に参加できるので便利であることは間違いありません。

ここでは，バーチャルラボ実験について，オンラインラボ実験とクラウドソーシング実験に分けて紹介します。併せて，それらのメリットを整理しましょう[2]。

a) オンラインラボ実験 本書では，特定の実施参加者をオンラインでZoom などのオンライン会議システムを使って遠隔で実験参加者を管理しながら実施する実験のことをオンラインラボ実験と呼びます。基本的な内容はラボ実験と変わりませんが，実験参加者が実験実施者にその場でコンタクト可能な環境を確保しながら実施する実験のことを指すこととします。オンラインラボ実験を実施する際には，実際の対応可能性から一度に数人〜最大でも 50 人程度の実験参加者を集めて実施します。

オンラインラボ実験の場合は，ラボ実験に近い環境で実験を実施できる，ラボ実験には劣るものの実験参加者の環境を統制しやすいといったメリットがあげられます。ラボ実験では実験参加者が質問があれば直接実験実施者に質問することができますし，オンラインラボ実験では，音声ないしはチャットなどで質問をすることができます。

また，オンラインラボ実験では，ラボの中でのような厳密な環境の統制をすることはできませんが，実験参加者の現在置かれている環境をカメラ等で確認することができます。例えば，実験開始の前に実験参加者の置かれている環境を確認することも可能でしょう[3]。オンラインラボ実験は，まさに「ラボ実験の延長線上」として，ラボ実験をオンラインで行っていると言えます。

---

[1] 詳細については，2 章にて紹介します。

[2] もちろん，バーチャルラボ実験が完璧なわけではないですし，実験の実施には非常に多くの課題があることも事実です。この点については，改めて 9 章で解説します。

[3] もし，環境を確認するならば，個人情報保護の観点から事前に実験環境の確認をすることをアナウンスしておく必要があるでしょう。また，1.2 節で述べた「目の絵の議論」にもあるとおり，監視されていると実験参加者が思うと行動が変化する可能性もあるので注意が必要です。

b) クラウドソーシング実験　　一方，クラウドソーシング実験は少し様相が異なります。本書では，クラウドソーシングなどを用いて不特定多数の実験参加者を集めて，オンライン会議システムなどを用いて実験参加者が実験実施者に即座にコンタクト可能な環境を確保せずに実施するバーチャルラボ実験のことをクラウドソーシング実験と呼びます[†1]。クラウドソーシング（サービス）[†2]とは，「群衆」を意味する "crowd" と「委託」を意味する "sourcing" を合わせた言葉であり，オンライン上で仕事を発注する個人・企業・組織と，仕事を請け負う個人をマッチングするサービスのことです

　クラウドソーシング実験のメリットは，比較的低コストで実験実施可能であり，大量の実験参加者を対象に実施可能であり，幅広い社会経済的要因の影響を分析できるというメリットがあります。

　例えば，ラボ実験の実施にはリクルートのための実験参加者プールを準備して募集をかけたり，講義の中で実験参加者を募ったりしますが，クラウドソーシング実験では実験参加者プールの代わりにクラウドソーシングに発注することで実験参加者を確保することができます。さらには，過去の実験参加者を管理することも容易にできるので，過去に参加したことがある方のみを参加対象としたり，もしくは参加したことがない方のみを参加対象としたりすることもできます[†3]。

　金銭面についても実験参加者に支払う実験参加費は，利用するサービス会社に依存しますが，筆者が Yahoo!クラウドソーシングで実験をする場合は一人あたり成果報酬を含めて多くても 300〜500 円を超えないように設定してい

[†1]　例えば，クラウドソーシングで実験参加者を募集しても，数十名単位で実験参加者が実験実施者にその場でコンタクト可能な環境を確保しながら実施する実験であれば，本書ではオンラインラボ実験として扱います。

[†2]　クラウドソーシングの詳細については，鹿島ら[27]や森嶋[28]などを参照してください。代表的なクラウドソーシングとして，ランサーズ（https://www.lancers.jp/）やクラウドワークス（https://crowdworks.jp/），Yahoo!クラウドソーシング（https://crowdsourcing.yahoo.co.jp/）などがあります。

[†3]　この点は利用するサービス会社によって異なりますので，実験前には確認をしてください。

す†。

　また，クラウドソーシングを用いることにより，より多くの実験参加者の確保が可能となります。従来の実験研究では，実験参加者の募集に掛かるコストを考慮すると実験実施者が所属する学生や企業の社員，もしくは地域の住人など組織や地理的条件に依拠した実験が中心となっていました。これではサンプリングにおけるバイアスが発生し，データに一定の偏りが存在しているおそれもあります。そうなれば，結果の一般化が困難であり，結果の拡大解釈につながるかもしれません。しかしながら，クラウドソーシングを用いることで，組織や地理的条件に依拠せずに幅広い社会経済的要因を考慮した実験参加者の確保が可能となります。そうすれば，より頑健な研究結果を得ることができ，一般化した議論の展開も期待できるのではないでしょうか。

　RCT の観点からも，従来のラボ実験やオンラインラボ実験よりも妥当性が高い可能性もあります。空間制約が存在しないことにより，ほかの実験参加者と近接した状況で実験をしなくても良いことは大きなメリットですし，経済実験を実施する際には，お互いの素性がわからない匿名状況で実施することが多く，ラボ実験においても先述のとおり，だれが参加しているかわからないように個人ごとに間仕切りがあるような状況で実施しています。

　（オンライン）ラボ実験では実験参加者同士が知人同士である可能性もありますが，一方でクラウドソーシング実験では知人同士がマッチングされる可能性は日本全国のクラウドソーシングワーカーを対象として実験参加者を募っている以上非常に低いと考えられます。さらに，さまざまな社会経済的属性を有したプレイヤー同士によるプレイが可能になるために，属性についてもランダマイズされたゲーム実験が可能となります。従来のラボ実験よりも高い匿名性を

---

†　報酬の多寡についてはさまざまな議論の余地があります。例えば，あまりに安すぎてインセンティブとして機能しないのではないかという批判を受けることもあります。報酬に対する対応策は，参加依頼をする実験の内容と利用するクラウドソーシングによって大きく異なります。ほかのタスクが 1 人あたり数円単位の報酬で行われている中で，数千円単位の報酬を支払うようなことを行うと，そのクラウドソーシング市場にどのような影響を与えるかもわかりませんし，人間の行動も通常とは少し乖離してしまうかもしれません。そのようなことを考慮して現在の価格設定としています。

確保でき，より実験環境として適した側面もあるのではないでしょうか。

その場で各自のPCやスマートフォンなどを使って行う実験も，クラウドソーシング実験に近い形態と言えるでしょう。筆者は普段，履修者が300名近くいる講義の中でもoTreeを使った実験を行っています。実験参加者はその場で実験実施者に質問をすることはできますが，実際には（物理的に）すべての学生のインストラクションに対する質問に回答することは実施時間内では困難です。ただ，経済実験に参加してもらうことで，体験的にゲーム理論への理解を深めてもらっています。学生は，自身のスマートフォンでQRコードを読み込んで筆者のoTreeサーバにアクセスし，実験に参加しています[†1]。

1.5　一般的な実験の流れ

いままでの議論を踏まえて，最後に実際にどのように実験を進めていくのか，実験における一つのセッションを例として事前準備，本番，事後整理の観点から簡単に説明します。基本的には，経済実験であろうが心理実験であろうが，ラボ実験であろうが，バーチャルラボ実験であろうが大きく変わることはありません。ただし，ここで紹介するのは，あくまで一例であって，研究室や指導教員の方針，もしくは実験の課題の性質によって変わることがあります。ここで提示したものを叩き台として，実際にどのように実験を行うのか検討すると良いでしょう。

1.5.1　事　前　準　備

筆者は，実験前にどれだけ準備がするかが勝負であると考えています[†2]。

実験を実施する前には，その実験が倫理的に妥当であるかどうかを十分に検討する必要がありますし，論文の投稿先や研究機関の必要に応じて倫理審査委員会による倫理審査を受けることもあります。例えば，実験参加者の個人情報

[†1]　その際に，学生番号も入力してもらうことで出席状況も確認しています。

[†2]　ただし，いくら準備をしても穴はあるものですし，うまくいかないことがあります。そのときは，どこがよくなかったのか反省をした上で，つぎの実験に活かしましょう。

を不必要に集めるものであってはいけませんし，途中での実験からの離脱が自由に認められていなければなりません。詳細は各研究機関の規定や 9 章などを参考にしてください。

実験の直前には実験環境を準備する必要があります。具体的には実験で使うプログラムの作成やサーバの動作を確認しなければいけません[†]。

また，インセンティブを支払う際には，その方法についても確認しておきます。ラボ実験において現金で支払うならば現金を用意する必要がありますし，オンラインラボ実験では Amazon ギフトカードや PayPay などで支払うこともあるかと思います。クラウドソーシング実験を実施する際には，インセンティブの支払いにひと工夫が必要になることもあります。その際の手順について確認しておきましょう。

1.5.2 本　　　　番

続いて，実験の本番について説明をします。本番は「事前説明」→「インストラクション」→「確認テスト」→「練習実験」→「本実験」→「結果の確認」→「報酬の支払い」に分けられます。

（1）事前説明　　実験のインストラクションの前に，参加者に対して研究目的，予定されている手順，予想されるリスクや不利益，得られる利益，参加の自発性について明確に説明します。実験中に収集されるデータの扱いについて，プライバシー保護のための措置やデータの使用目的，保管方法についても説明します。参加者には，いかなる時点であっても，何らかのペナルティも受けることなく実験から途中離脱できることを明確に伝えます。可能な限り疑問が生じないように説明し，参加者が十分に情報を理解してもらった上で，同意を得る必要があります（詳細は 1.5.4 項参照）。

[†] 特に，クラウドソーシング実験では瞬間的に大量のアクセスがあるために，サーバに多大な負荷が掛かります。そのような状況を見越して負荷テストを事前に実施したり，パイロット実験などから事前に動作を確認・予測する必要があります。筆者はクラウドソーシングでインタラクションのある実験を行う際，実験参加者が 150〜200 人以上となる場合には，複数台のサーバに分割して実施しています。この辺は，いろいろシミュレーションをしてみる必要があるかもしれません。

（2）　インストラクション　　インストラクションとは実験のルール説明のことです。インストラクションの目的は，すべての参加者が実験のルールを正しく理解し，公平な条件で実験に参加できるようにすることにあります。実験開始の際には，まず参加者に対し実験のルールや手順について詳細な説明を行います。一般的には，実験の実施時には真の目的を伏せたまま，必要な情報のみを説明します。参加者は実験の目的や手順について確認し，ラボ実験やオンラインラボ実験では実験実施者に質問できるようにしていることが多いです。

（3）　確認テスト　　インストラクションのあとに，参加者に対して確認テストを行います。実験の目的によっては確認テストを行わないことがあります。このテストは実験のルールや手順に関する質問を中心として，参加者が内容を正しく理解しているかを確認します。テストの結果を踏まえて，理解が不十分な点があった場合にはその部分について再度説明を行い，すべての参加者が実験を十分に理解したことを確認した上で実験を開始します。

（4）　練習実験　　実際の実験に入る前に練習実験（トライアル）を行うことがあります。これは，実験の手順に慣れ，疑問点を解消するために行います。練習実験は本実験と同じルールで行われることが多いですが，この結果は本実験のデータとしては使用しません。

（5）　本実験　　参加者はインストラクションおよび練習実験で得た理解に基づいて本実験に参加します。この段階での行動や決定はデータ収集・分析の対象となります。

（6）　結果の確認　　実験が終了したあと，参加者は自身の行動や選択がどのような結果になったか確認をします。この段階で，獲得した報酬の計算もフィードバックできると良いですが，報酬の算出に時間が掛かる場合は報酬の支払い段階でフィードバックしても良いでしょう。

また，実験実施者は必要に応じて実験の目的や理論的背景について参加者に説明するデブリーフィングを行います。この前後には，アンケートを行うことがあります。アンケートに答えてもらっている間に報酬の支払い準備ができると効率的です。

20　　1. 社会科学における実験とは

(**7**)　**報酬の支払い**　　最後に，事前に決めておいた方法で報酬を支払います。報酬の支払いが終了したあとに実験参加者を解散します。

1.5.3　事 後 整 理

実験がひと通り終わったあとも，まだ作業があります。最初に，領収書の管理・整理と並行して，実験データの保管や参加者のプライバシー保護に関した処理を行う必要があります。実験データ内に個人名などを特定できるような情報を併せて保存しておくのではなく，別のファイルに保存しておくようにしましょう。筆者がラボ実験やオンラインラボ実験を行う場合には，謝金支払いに必要な個人情報と実験参加者に割り振った ID を一つのファイルにまとめ，実験結果のデータと ID を一つのファイルにまとめており，必要に応じて実験結果と個人情報を紐づけています。また，個人情報と実験参加者 ID をまとめたファイルはパスワードを掛けて，外部からアクセスできないように外付けのハードディスクに保存をして，一定期間が経ったのちに削除するようにしています。

　続いて，個人情報の処理を行ったあとに，（特に最初の実験では）入力された値におかしな点がないかヒストグラムなどをプロットして確認することをおすすめします[†]。例えば，実験実施者がプログラムとして想定していないデータの入力が行われていないか（例えば，10 ポイントまでしか選択できないはずなのに 20 ポイントが選択されていないかなど）確認をしておくと良いでしょう。もし，想定していないデータの入力が行われていた場合には，プログラムの修正をすると同時に，いままでのデータの取扱いについて検討する必要があります。

　予定していた実験が終了したあと，「データ分析」→「結果の解釈」→「報告」という手順を踏むことになります。

[†]　この段階で統計分析を行うことは，「疑わしい研究慣行（questionable research practices, QRPs）」を疑われるかもしれません。例えば，研究結果を意図的にまたは無意識のうちに操作し，偽の統計的有意性を生み出す行為である p-hacking や，研究結果を知ったあとに仮説を設定する HARKing（事後仮説設定）を行っているとして捉えられる可能性があります。

1.5.4 事前説明について

実験の事前説明（1.5.2 項 (1)）を行ったあと，実験参加者に参加の同意を取る必要があります。実験の事前説明では，おおよそ以下の情報を示します[†]。

(1)　研究課題名　研究のタイトルを記載します。このタイトルは，研究内容を簡潔かつ明確に反映するものである必要があります。

> **ex** 協力行動に関する研究

(2)　説明文の目的　実験の事前説明の目的について説明します。

> **ex** この説明文は，あなたがこの研究の目的を正しく理解し，あなたの自由な意志に基づいて，この研究に参加するかどうかを判断していただくためのものです。この研究への協力の同意は，あなたの自由意志で決めてください。同意しなくてもあなたの不利益になるようなことはありません。また，一旦同意した場合でも，あなたが不利益を受けることなく，いつでも同意を撤回することができます。

(3)　研究の意義・目的　研究を行う理由，研究が目指す目標や研究によって期待される成果を説明します。

> **ex** この研究では，一般的な人間の社会的行動の傾向を明らかにする目的で実施されます。

(4)　研究の対象　実験参加者になるための条件を具体的に記載します。

> **ex** 18 歳以上の日本在住者が対象です。実験ページにデスクトップ PC もしくはノート PC からアクセスできる方に限ります。

(5)　研究の方法　どのような作業を行うのかを説明します。

> **ex** この実験では，皆さんに PC を操作し意思決定を下してもらいます。意思決定の結果は実験参加者同士の相互作用によって決まります。これにより，社会における人間の意思決定がどのように行われるのかを明らかにします。

(6)　予測される（物理的および精神的）危険およびその対応　研究参加者が直面する可能性があるリスクについて説明します。それらのリスクが大きい場合には，最小限に抑えるための対策を説明します。場合によっては連絡方法を説明します。

> **ex** 実験中に簡単な作業をしてもらいます。その作業はだれにでもできる日常的な作業です。作業内容は実験前に詳細に説明します。あなたが支障がないと合意した場合にのみ実施していただきます。また，作業中にいつでも同意を取り消して中止することができます。不明な点がありましたら，実験実施者にお尋ね

[†]　（※）がついている項目は割愛することもあります。なお，1.5.4 項については高知工科大学林良平先生より提供いただいた資料をもとに作成しました。

22　　1.　社会科学における実験とは

ください。

(7)　研究対象者にもたらされる利益および不利益　　研究参加者や社会に対する研究の利益と，参加者に発生する可能性のある不利益を説明します。

> **ex** あなたは，実験参加によって報酬（参加謝金）を受け取ることができます。実験参加によって不利益を被る可能性はきわめて低いです。本研究によって協力行動のメカニズムの解明が期待されます。

(8)　経済的負担や報酬について※　　参加者に対する報酬について説明します。

> **ex** あなたは，本日実験に参加したことに対する参加報酬（30 ポイント）と，実験によって得られた成果報酬（0〜90 ポイント）の合計ポイント（30〜120 ポイント）を，受け取ることができます。なお，実験前，実験中のいつでも実験を途中で中止することができます。また，実験を途中で中止した場合（サーバが停止して最後まで実験できない場合を含む）は，参加報酬（30 ポイント）だけを受け取ってください。その場合，成果報酬（0〜90 ポイント）は受け取ることができません。

(9)　個人情報の保護について　　収集されたデータや個人情報の取扱い，保護のための具体的な措置を記載します。

> **ex** この研究を進める上で必要な属性情報，心理的傾向，実験結果の情報以外は収集しません。データはランダムな ID を用いて統計処理され，個人が特定できる情報と切り離して分析されます。また，対外的に報告される場合も，個人が特定できない集計した結果を報告しますので，個人が特定されることはありません。

(10)　データの保管について※　　収集したデータの保存方法，期間，データアクセスの管理についての方針を説明します。

> **ex** この研究のデータは適切なセキュリティ保護を施して電子記憶媒体に保存します。データを分析する際は，セキュリティ対策が施された PC のみで処理されます。なお，データの分析・保管は研究代表者・分担者が行います。

(11)　研究の費用について※　　研究の実施に必要な費用とその資金源を記述します。

> **ex** この研究は科学研究費助成事業若手研究を原資に実施されます。

(12)　利益相反について※　　研究者の利益相反の可能性についての声明が含まれます。

> **ex** この研究については，企業等との関わりや，研究成果や参加者の保護に影響を及ぼす可能性のあるすべての経済的利益関係等の状況はありません。

(13)　研究に関する情報公開の方法について※　　研究結果の公開方法，研

究参加者や一般への情報提供の方法を記載します。

> **ex** この研究に参加した方々の個人情報の保護や，この研究の独創性の確保に支障がない範囲で，この研究の計画書や研究の方法に関する資料を閲覧することができます。資料の閲覧を希望される方はお申し出ください。この研究の成果は，学会等にて学術雑誌等で公表されますが，あなた個人が特定される情報は公表されません。

(14) 連 絡 先　実験に関する質問があった場合に対応するため，連絡先を記載します。

> **ex** この実験に関する質問がある場合は，akiragoto@protonmail.com までお問い合わせください。

(15) 説明者・説明日　だれがいつ説明を行ったのか記述します。

> **ex** 2024 年 7 月 13 日 後藤晶

　本章では社会科学研究における実験の意義のほか，ラボ実験，バーチャルラボ実験の違い，実際の実験のフローについても紹介しました。それでは，2 章より，具体的な実験プログラムの作成方法について学んでいきましょう。

2

---

oTree　と　は

　本章では，社会科学実験を効果的に実施するためのツールである oTree について解説します。oTree は Python のライブラリの一つであり，単純な意思決定実験にも使えますが，複数プレイヤー間のインタラクションが求められる経済ゲーム実験においてその真価を発揮します。本章では，oTree の基本的な設定方法から実験の作成，実施に至るまでの手順の概要を説明し，3章以降で紹介する具体的な実験作成に必要な前提知識を紹介します。

2.1　oTree でできること

　本書で説明する oTree[†1]は経済学，心理学やマーケティングといった社会科学領域における行動実験を実施することを目的として開発されたものです。MITオープンソースライセンスのもとに，論文の引用をすることで利用することができます[†2]。アンケートやクイズを作ることはもちろんできますし，さらには，囚人のジレンマ，公共財ゲーム，オークションなどの多人数が参加するプレイヤー同士のやりとり（インタラクション）がある実験を作成・実行することができる点が強みです。ほかにも，従来のアンケートソフトにはない細かなカスタマイズや動的な機能を必要とする実験を実施することもできます[29]。Pythonの Web アプリケーションをベースに開発されており，これらの実験を実行しやすいように構成されています。

[†1] https://www.otree.org/
[†2] Chen, D.L., Schonger, M., and Wickens, C.：oTree – An open-source platform for laboratory, online, and field experiments– *Journal of Behavioral and Experimental Finance*, **9**, pp.88–97 (2016)

oTree を実験経済学や行動経済学，社会心理学，会計学などの社会科学領域における実験研究に用いるメリットは，「インタラクションのある経済ゲーム実験」を「ブラウザ上」で「自由に構築」できる点にあります。

ゲーム理論に基づいた，プレイヤー相互の意思決定によって獲得ポイントが変動するようなインタラクションのある実験は，従来，多くは z-Tree（Zurich Toolbox for Readymade Economic Experiments）と呼ばれるソフトで実施されてきました[26],†。しかし，このソフトは基本的には Windows 上でしか実行できず，クライアントソフトを各端末にインストールする必要があります。さらには，通常の回線では閉鎖されている可能性が高い特殊な通信ポートを用いているため実験の環境整備が難しいなどの課題が存在していました。一方，oTree はブラウザ上で実験が実施可能であるため，インターネットに接続可能であり，ブラウザがインストールされている端末さえあればいつでもどこでも実験を実施することができます。

また，oTree は一般的に広く使われている言語である Python のライブラリの一つです。Python は一部の高校の情報 I の授業の中でも採用されつつあり，多くの方が何らかの形で触れられるようになりつつあるため，学習コストも比較的小さく済むこともメリットが大きいと言えるでしょう。

2.2　プログラム環境

筆者は以下の環境を用意しています。

---

† ほかにも，z-Tree（https://www.ztree.uzh.ch/en.html）を仮想端末を用いてオンラインでの実験を可能にした z-Tree unleashed（https://cler1.gitlab.io/ztree-unleashed-doc/）[30] や XEE（https://xee.jp/）[31]，Moblab（https://moblab.com/）[32]，SoPHIELABS（https://www.sophielabs.com/）[33]，Breadboard（https://breadboard.yale.edu/）[34]，Lioness Lab（https://lioness-lab.org/）[35]，nodeGame（https://nodegame.org/）[36] などがプレイヤー同士のインタラクションのある実験に対応したプログラムを用意しています。GUI（graphical user interface）に対応しているものもあれば，CUI（character user interface）のみのものもありますし，CUI でも使われている言語がさまざまあります。また，Visual Basic などで独自に開発を進めている研究室もあります。

26 　　2. oTree　　と　　は

- Python　　● Visual Studio Code

個人的には，Visual Studio Code（以下，VS Code）が使いやすいと思っていますのでお勧めしますが，この辺は個人の好みによります。このような環境でないといけないということはありませんが，oTree によるプログラムを作成するためには，バージョン 3.10 以上の Python をインストールする必要があります†。

なお，付録では Python のインストール方法と VS Code のインストール方法について説明しますので，参考にしてください。

2.2.1　oTree を用いた実験のためのスキル

ここでは，oTree を使ったバーチャルラボ実験に必要なスキルを，大きくレベル 0〜4 までの 5 段階に整理しました。ただし，レベル 3 とレベル 4 については段階的な表現をしていますが，実際には並列的なスキルであると考えられます。例えば，レベル 3 のクラウドソーシング実験ができなくとも，レベル 4 のjavascript を活用したラボ実験やオンラインラボ実験の実施は可能でしょう。

---

oTree を用いた実験のためのスキル

レベル 0　インストールができる

- インストールができる
- 既存のプログラムを実行できる

レベル 1　ローカル環境で実験できる

- インタラクションなしの実験を作成できる
- インタラクションありの実験を作成できる

レベル 2　ラボ実験や実験参加者を自身で集めたオンラインラボ実験ができる

---

† ただし，この情報は本書執筆時（2024 年 7 月）現在の情報です。公式サイトのリリースでは oTree5.10 で Python3.11 に対応していることが公開されていますが，PyPI によると oTree5.11 で Python3.13 まで対応しているようです。本書では公式サイトのリリースに合わせて，バージョン 5.10 の oTree を Python3.11 で動作を検証していますが，3.12 以上のほかのバージョンの Python を利用されている方は自己責任でお試しください（問題ないような気もしますが…）。今後，必要とされる Python のバージョンが変更となることがあります。その際は，本書のサポートサイト（コロナ社のWeb ページからアクセスできます。とびら裏の QR コードをご利用ください）などで案内します。

2.2 プログラム環境   27

- サーバを用意することができる
- サーバ上で oTree を動かすことができる
- Room 機能を使用できる

レベル 3　クラウドソーシング実験ができる

- クラウドソーシング実験に対応した実験（インタラクションなし/あり）を作ることができる
- 離脱者対策を施したバーチャルラボ実験を実施することができる
- クラウドソーシングを使って実際に実験参加者を募ることができる

レベル 4　より高度なバーチャルラボ実験ができる

- javascript の利用ができる
- 可視化できる
- Web 解析ツールの利用ができる
- インタラクティブチュートリアルシステムを導入できる

　本書では，付録等を含めておもにレベル 0～2 までターゲットとしています。また，一部ではレベル 3～4 に関わる内容についても紹介します。

2.2.2　本書では触れないこと

　本書では，あくまでも基本的な操作方法や，実験の作成方法について紹介します。そして，サーバを立ち上げて実行するまでを紹介していますが，oTree の機能のすべてを網羅していません。具体的には，リアルタイムで更新されるライブページ[†1]の機能には触れていませんし，サーバについても oTree の開発者が推奨している Heroku による利用方法は紹介していません[†2]。ただし，AWS（Amazon web services）などを用いて Windows サーバを利用した方法について紹介しています。

　また，oTree では，GUI（graphical user interface）を利用した開発環境で

[†1]　https://otree.readthedocs.io/ja/latest/live.html

[†2]　Heroku（https://www.heroku.com/）は，クラウド上でアプリケーションを動かすことができるサービスです（現在はセールスフォースが運営する PaaS（Platform as a Service）の一つです）。oTree の開発者が推奨しているサービスですが，無料プランでは制限があり，実際に実験をする際にはいくつかの対応を行う必要があるようです。

ある oTree Studio[†1] が提供されています。この環境を利用することでプログラミングの量を減らした実験の作成が可能です。しかし，一度自分自身でプログラムを書いた上で利用したほうが理解が深まりますし，さまざまなカスタマイズも可能になるため，本書では oTree Studio については触れません。

2.3 oTree の 概 要

2.3.1 oTree と は

さて，改めて oTree について紹介しましょう。oTree は Python で開発された，Web ブラウザを利用して社会科学実験を行うためのライブラリであり，PC やスマートフォン，タブレットなど端末を問わずに実験を実施することが可能です。oTree には Bootstrap が採用され[†2]，レスポンシブデザインに対応しています。レスポンシブデザインとは，画面サイズに応じて Web ページのレイアウトやコンテンツが自動的に調整されるデザインです。プログラムを一つ作成すると，PC やスマートフォンなどの画面サイズに合わせて，レイアウトも変更されます。

oTree は複数人プレイヤーが同時にプレイするインタラクションのあるゲーム実験などを容易に実施できるという点において，ほかの実験プログラム，例えば lab.js[†3,37] や jsPsych[†4,38)]，Psychopy[†5,39)]，PsyToolkit[†6,40)] などとは一線を画します。単純な個人の意思決定を分析するというだけであれば，これらのプログラムで十分に高度な実験が（比較的に）容易にできるようです。複雑なプログラムを組むことで，インタラクションのあるゲーム実験も実施可能になるかもしれませんが，初心者がいきなり複雑なプログラムを組むことは難しそうです。

[†1] https://www.otreehub.com/
[†2] Bootstrap とは，Twitter 社が開発したオープンソースのフロントエンドフレームワークです。詳細は巻末の引用・参考文献の「より詳しく学ぶために」を参照してください。
[†3] https://lab.js.org/
[†4] https://www.jspsych.org/
[†5] https://www.psychopy.org/
[†6] https://www.psytoolkit.org/

もちろん，oTree では複数人プレイヤーだけではなく，個人の意思決定に関する実験も十分に実施可能です。また，oTree は Python のライブラリであるため，基本的な実験は Python（+html）で作成することができます。

さて，本節においては，oTree をもう少し理解してもらうために，大きな構成要素について紹介します。

2.3.2　oTreeの考え方

oTree においては，プロジェクトとアプリケーションという二つの考え方を覚えておくと，大きなイメージがつきやすいでしょう。

（1）プロジェクト　　はじめに，**プロジェクト**を作成します。これは一つの大きな土台をイメージしてください。この土台の中では，データベースに関する設定や，実行可能なアプリケーションを登録するなど全般に関わる設定を行うことができます。

（2）アプリケーション　　アプリケーション（以下，アプリ）とは，一つひとつのゲームやアンケートなどのプログラムのことを指します。本書では，アンケート，公共財ゲーム実験，最終提案ゲーム実験，独裁者ゲーム実験，信頼ゲーム実験といったアプリを作成します。

このアプリはプロジェクトの中で連続して実行することができます。具体的には別々のアプリとして開発した公共財ゲーム実験を行ったのちに，信頼ゲームを行ってからアンケートを実施する，といったことも可能です。ただし，これらのアプリは同じプロジェクトの中に保存しておく必要があります。実験を行うプロジェクトの中に保存されているアプリと，異なるプロジェクトの中に保存されているアプリを続けて実行することはできません。

2.4　本書における用語

実際に，oTree でプログラムを組む前に，いくつかの用語を確認しておきましょう。ここでは，合計 160 人を集めて，統制群に 80 名，実験群に 80 名を割

り当てて実験を実施する状況を想定します。事前説明，確認テスト，練習，本実験として 10 回繰り返して実施する「10 期繰り返し公共財ゲーム」と「アンケート調査」を oTree を用いて実施して仮説について検討する一つの研究を例として，本書における用語を確認します[†]。

2.4.1 研 究 と 実 験

　一つの研究は，仮説と一つの実験とデータ分析，考察から成り立つものを指すこととします。ここでは，統制群に比べて，何らかの実験刺激を与えた実験群のほうがより貢献額が大きくなる，という仮説を立てることとしましょう。この「仮説」という言葉に対して，「実験」は，一つの研究の中で仮説を検証するために実施する一連の実験のことを指します。今回の場合で言えば，合計 160 人の実験参加者を集めて実験を実施するためには，統制群について 1 回 40 人が参加するセッションを 2 回，同様に実験群について 1 回 40 人が参加するセッションを 2 回実施することを指して実験と呼びます。

2.4.2　セッション，サブセッション，アプリ

　40 人の実験参加者が参加する 1 回のセットのことを**セッション**（session）と呼びます。「10 期繰り返し公共財ゲームとアンケート調査」という 1 まとまりのことを言います。一般的に事前説明から報酬支払いまでをセッションと呼ぶこともありますが，oTree によるプログラム上においては，（事前説明），確認テストから結果の確認までを一つのセッションとします。そして，確認テストや繰り返し公共財ゲームの第 5 期目，アンケートなど一つのアプリの 1 回の実施を指して**サブセッション**（subsession）という表現をします。また，実験のプログラムを作成する際にはアプリという単位で作成します。今回の例で言えば，「10 期繰り返し公共財ゲーム」は各期それぞれがサブセッションになりますが，一つのアプリで作成することになります。

[†]　研究室等のコミュニティによって異なるかもしれません。本書での扱いということにしておきましょう。

2.4.3 パティシパント，プレイヤー

oTree では，1 人の実験参加者のことを指して**パティシパント**（participant）と言います。この言葉は，特定のサブセッションに限らず，一つのセッション全体を通じた参加者のことを表します。各パティシパントには自動的に個別の識別子が与えられ，1 人のパティシパントがセッション内の複数のサブセッションやゲームにわたって得たデータはそのパティシパントに紐づけられ，個人の行動を追跡することができます。また，この個別の識別子は，別の機能を利用して，実験実施者が用意した識別子（ID）と紐づけることができます。今回の例で言えば，1 回のセッションを通じて同じパティシパントとしての識別子が与えられますが，実験実施者が用意した実験参加者 ID と対応させることもできます。この方法については 4.3 節を確認してください。

また，サブセッションやゲームにおける実験参加者を**プレイヤー**（player）と表現します。例えば，公共財ゲームにおいては各期においてプレイヤーが意思決定を行い，そのプレイヤーの選択に基づいて各期における利得が決定されます。

2.5　oTree のインストール

それでは，実際に oTree をインストールして，手を動かしながら理解を深めていきましょう。インターネットに接続していることを前提とし，Python のインストールはすでに終了しているものとします[1]。ここから oTree のインストールを始めます。

Windows の方は Powershell，Mac の方はターミナルを起動し，**プログラム 2-1** を実行します[2]。

---

[1]　Python のインストールが終わっていない方は付録 A.1 を参照してください。

[2]　Python 2 と Python 3 を共存している環境の場合には，`pip` を `pip3` に変える必要があります。Powershell ないしはターミナルにコードを打ち込んで，Enter キーを入力するまでの一連を「実行する」という表現をしており，以下も同様です。また，Windows 環境において oTree 自体はコマンドプロンプトでも動きますが，一部のコマンドが異なるので本書では Powershell で実行することとします。

32   2. oTree と は

プログラム 2-1 (oTree のインストール)

```
pip install -U otree
```

インストール作業は以上です。また，必要に応じて追加のプログラムもインストールされます。

2.5.1 プロジェクトの作成

続いて，プロジェクトを作成しましょう。今回は動作確認を行いやすいようにデスクトップで作業することとしましょう。**プログラム 2-2** を実行すると，デスクトップで作業をする準備ができます。これで準備作業は終了です[†1]。

プログラム 2-2 (デスクトップへの移動)

```
cd ~/Desktop
```


2.5.2 プロジェクトフォルダの作成

プログラム 2-2 にてデスクトップに移動したあとに，otreetest という名前のプロジェクトフォルダを作成します（**プログラム 2-3**）。このフォルダの中でプログラムを作成していくことになります。

プログラム 2-3 (プロジェクトフォルダの作成)

```
otree startproject otreetest
```

このプロジェクトフォルダ内に新たなアプリを追加していくことになります。なお，プログラム 2-3 を実行すると，下記のような質問が返されます。

(プロジェクトフォルダにサンプルゲームを追加するか確認)

```
Include sample games? (y or n) :
```

これは，用意されているサンプルゲームをプロジェクトフォルダの中に入れるかどうかを聞いています。今回は，最初からサンプルゲームがあると勉強にならないので入れません[†2]。本書を一読いただいたあとに，サンプルゲームもインストールされると，oTree に対する理解が深まるでしょう。

[†1]　なお，OneDrive を利用されている場合はデスクトップのパスが異なることがあります。また，場合によってはターミナルによるデスクトップへのアクセスの許可を求められる場合があります。その場合には許可をしてください。

[†2]　サンプルゲームとして，ボランティアのジレンマや共通価値オークションなどさまざまな実験が用意されています。

2.5 oTree のインストール　　33

先に示した質問画面で，n を入力して Enter キーを押すと，以下が出力されます。ここでは，「プロジェクトフォルダが作成できました。cd otreetest を入力してください。そうすると，プロジェクトフォルダの中に移動できます。そして，otree devserver を入力するとサーバとして起動できます。」と表示されています。

(画面の表示)

```
1  Created project folder.
2  Enter "cd otreetest" to move inside the project folder,
3  then start the server with "otree devserver".
```

まずは，**プログラム 2-4** を実行しましょう。これでプロジェクトフォルダの中に移動できます[†1]。

プログラム 2-4 (oTree のプロジェクトフォルダへの移動)

```
cd otreetest
```

2.5.3 サーバとして起動

最後に，正しくインストールできているか確認するために，自身の端末をサーバとして oTree を起動しましょう。**プログラム 2-5** を実行してください。

プログラム 2-5 (oTree の起動)

```
otree devserver
```

プログラム 2-5 を入力することで，これで自身の端末で実験を実施できます。正しく実行できている場合には，以下のように表記されます。

(oTree 起動時の表示)

```
1  Open your browser to http://localhost:8000/
2  To quit the server, press Control+C.
```

oTree の作動状況については，http://localhost:8000/ にブラウザでアクセスすると確認できます[†2]。画面の見方は 3 章以降で紹介します。また，サーバを停

[†1]　今後は cd ~/Desktop/otreetest を使うと一発で otreetest フォルダに入れます。なお，OneDrive を利用されている方は各自でファイルのパスをご確認ください。

[†2]　開発時には Google Chrome や Firefox などの最新のブラウザを利用してください。個人的には，Google Chrome がおすすめです。oTree はデバイスの画面サイズに応じて，ページデザインやレイアウトを最適化するレスポンシブ対応になっています。「その他のツール」→「ディベロッパーツール」をクリックすることで，スマートフォンやタブレットでアクセスした際に画面がどのように表示されるのか確認することができます。

34   2. oTree と は

止する際には，Windows でも Mac でも，Powershell やターミナル上で Control
キーを押しながら C を押すことでサーバを止めることができます。

2.6 プログラム作成の流れ

本章の最後に，実際に実験プログラムを作成するときの流れを確認しましょ
う。実際に oTree のデフォルトのアプリを確認しながら，実験プログラムを作
成する際に考慮すべき情報や変数などを整理します[†]。

2.6.1 デフォルトのアプリを見てみよう

oTree でプログラムを組む際には，oTree 内で用意されているデフォルトのア
プリに追記・修正等を行いながら，プログラムを作成することになります。は
じめに，デフォルトのアプリの中身について確認します。試しに，testapp と
いう名前のフォルダを作成します。**プログラム 2-6** を実行してください。

プログラム 2-6 (testapp の作成)

```
otree startapp testapp
```

そうするとプロジェクトフォルダである otreetest フォルダの中に，testapp
というフォルダが作成されます。このフォルダがアプリになります。oTree で
初めてアプリを作成すると，**表 2.1** に示すファイルが入ったフォルダが作成さ

表 2.1 デフォルトのアプリフォルダの内容

ファイル	内　容
__pycache__	キャッシュファイル：python ファイルを実行した際に，コンパイルされたモジュールが残されているディレクトリです。プログラムを複数回実行する際に過去に作成されたキャッシュから実行されます。基本的にこのフォルダに触れることはありません。
__init__.py	アプリケーションとして認識させるためのファイル：このファイルにプログラムをいろいろ書き込むことになります。
MyPage.html	表示画面として利用できる html ファイルです。
Results.html	表示画面として利用できる html ファイルです。

[†] ここの情報は，アプリを一度作成したあとに振り返ったり，新たなアプリを設計する際
に確認することをおすすめします。

れます。このファイルに書き加えながらプログラムを作成していきます。

　なお，初期設定で作成されるプログラムでは，`MyPage`, `WaitPage`, `Results` の3ページによって構成されており，この順番で表示されるように設定されています。詳細についてはファイルの中身を見てください。

2.6.2　プログラムを作成するときの手順

本書では，プログラムを作成するときには基本的に以下の手順で作成します。

- アプリの作成
- MODELS の定義
- FUNCTIONS の定義
- html ファイルの定義
- PAGES の定義
- SESSION_CONFIGS の定義

　アプリは，`__init__.py` で設定される MODELS, FUNCTIONS, PAGES, および別ファイルである html ファイルが大きな構成要素となります。本書では，ファイルを行ったり来たりしてしまいますが，原則として MODELS, FUNCTIONS, html ファイル，そして PAGES の順番で説明します。そして最後に，`settings.py` における SESSION_CONFIGS への登録を行います。これにより，プロジェクトにアプリケーションを追加して，実行できるようになります。

2.6.3　`__init__.py` ファイルにおける MODELS の定義

　はじめに，実験内で用いる変数や定数について確認しましょう[†]。この変数や定数をもとに実験を行います。

- 何期繰り返しか
- プレイヤーは何人か

[†]　ここで，変数とは実験参加者が決定できる値を指し，定数とは実験参加者が決定せずに実験実施者が事前に設定するような値を指します。

36   2. oTree　と　　は

- プレイヤー全員に影響する定数は何か
- プレイヤー個人が決定できる変数は何か

続いて，実験内で実行する計算について確認しましょう。実験参加者に提供したい定数や，自身がデータを分析する際に，計算が終わっていると分析がしやすくなったり，結果を確認しやすくなる変数も考えておくと効率的に分析を行えるようになります。

- どういう計算をするのか
- どういう計算結果・出力を実験参加者に表示するのか
- どういうデータがあれば，自身が分析をするときに便利なのか

2.6.4　html ファイルの定義

変数などを設計したら，具体的に表示する画面を html 形式で作成することになります。おおよそ，出力に関わることを考えましょう。

- 何ページの実験を作成するのか
- どのようなページ遷移をたどるのか
- どこに文字を出力するのか
- どこに入力欄を作成するのか
- どこに計算結果を出力するのか
- （複数人によるインタラクションのあるゲーム実験の場合）ほかのプレイヤーの意思決定を待つタイミングはいつか

2.6.5　__init__.py ファイルにおける PAGES の定義

続いて，__init__.py ファイルの PAGES を変更します。

- 各ページを表示した際に行う処理を決定する。
    - 入力する項目はあるのか
    - （繰り返しで行う場合）期によって表示しない画面はあるのか
- どこで関数を実行するのか
- どのページである変数を入力するのか

- どういう順番でページ遷移を行うのか
- （複数人によるインタラクションのあるゲーム実験の場合）ほかのプレイヤーの意思決定を待つタイミングはいつか

　上記のように内容を整理して計画することで基本的な実験プログラムを構築できるでしょう。

　それでは，次章より実際にプログラムを作成していきます。一緒に oTree での実験を楽しみましょう！

3

アンケートを作ってみよう
── アプリ作成の基本と表記の日本語化 ──

　本章では，oTree でのアプリの作成方法の基本を学ぶために，アンケート
を作成します。これはプレイヤー同士のインタラクションのない，非常に基
本的なプログラムです。ここではラジオボタンによる入力方法とプルダウン
メニューによる入力方法を紹介します。そして，実行するまでの方法を紹介
します。さらに，自動的に実験参加者に表示される一部の項目について日本
語で表記できるようにする方法についても紹介します。

3.1　これから作成する実験プログラムの概要

　今回作成するアンケートの概要は以下のとおりです。図 **3.1** には，完成画面
の例を掲載しています。

アンケートのプログラムの内容 ─────────

内　容：アンケート（1 人プレイヤー）

実験参加者が入力する項目：

- 性別（ラジオボタン）
- 年齢（プルダウンメニュー）
- 居住地域（プルダウンメニュー）
- 回答に使う端末（ラジオボタン）

計算する項目：特になし

ページ数：1 ページ

- Page1：各質問項目を入力するページ

注意すべきこと：特になし

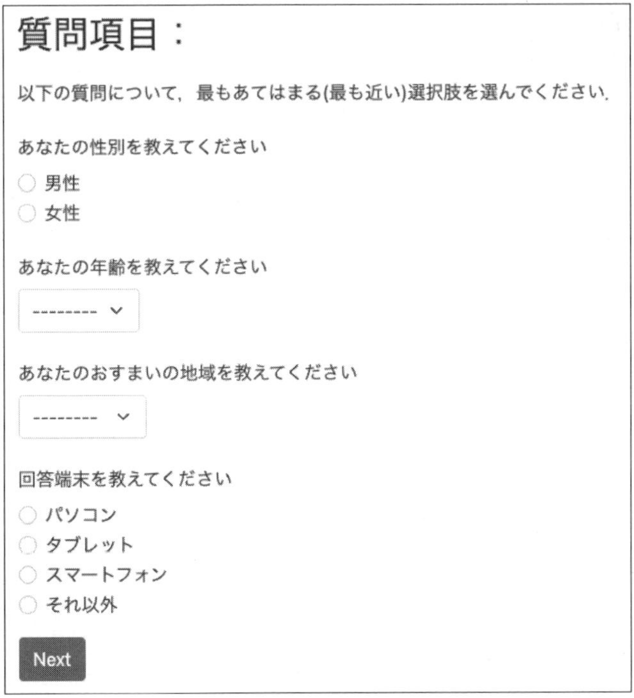

3.1 これから作成する実験プログラムの概要　39

質問項目：

以下の質問について，最もあてはまる(最も近い)選択肢を選んでください．

あなたの性別を教えてください
○ 男性
○ 女性

あなたの年齢を教えてください
[-------- ∨]

あなたのおすまいの地域を教えてください
[-------- ∨]

回答端末を教えてください
○ パソコン
○ タブレット
○ スマートフォン
○ それ以外

[Next]

図 **3.1**　Page1：アンケートの画面

（ **1** ）　**oTree のアップデート**　　アップデートはインストールと同じコマンドです．しばらく oTree に触れていない方は**プログラム 3-1** を実行しておくことをおすすめします．

プログラム 3-1　(oTree のアップデート)

```
pip install -U otree
```

（ **2** ）　**アプリを作成する**　　Windows Powershell ないしはターミナル（以下，ターミナル）を起動したあとに，**プログラム 3-2** を実行して settings.py ファイルがある otreetest フォルダの中へ移動しましょう†．

プログラム 3-2　(otreetest フォルダへの移動)

```
cd ~/Desktop/otreetest
```

続いて，ベースとなるアプリを作成します．**プログラム 3-3** を実行してください．

---

†　OneDrive を利用されている方は各自でフォルダのパスを確認してください．以降の章でも同様です．

40　　3.　アンケートを作ってみよう──アプリ作成の基本と表記の日本語化──

プログラム 3-3 (questionnaire という名前のアプリを作成)

```
otree startapp questionnaire
```

　ターミナル上でプログラム 3-3 を実行すると，最低限の要素のみが含まれたア
プリフォルダが作られます。このフォルダの中にある各ファイルに必要なコー
ドを追記したり，新しいファイルを作成することでアプリとして完成させます。
なお，このあともターミナルを使いますので，閉じないでください。

3.1.1　MODELS の定義

　__init__.py 内の MODELS では動作を定義します。MODELS は大きく，
C クラス（Constants クラス[†1]），Subsession クラス，Group クラス，Player
クラスの四つのクラスに分けられます。

　C クラスはアプリ全体に関する定義であり，プレイヤーごとに変化しない定数
を定義するために用います。Subsession クラスでは一つのアプリで実行される
ゲーム全体に関する定義をします。Group クラスは複数プレイヤーで実施する
ゲーム実験などを実施する際のグループ全体に関する定義であり，Player クラ
スは各個人に関する定義をします。本書では，C クラス，Player クラス，Group
クラス，Subsession クラスの順番で定義します。

　（1）　**C クラスの定義**　　それでは，早速プログラムを開いてみましょう。
プログラム 3-4 を参考に，C クラスから設定していきます。はじめに，
questionnare フォルダ内の __init__.py を開きます[†2]。なお，本書では，
VS Code で作業することを推奨しています。VS Code で初めて開くときには，
「ファイル」→「フォルダを開く...」で，デスクトップにある **otreetest** フォ

[†1]　以前のバージョンでは，Constants クラスが表記として用いられていたのですが，最新
　　　の oTree では C クラスとして表記することが推奨されています。
[†2]　__init__.py の上部には，1 行目に from otree.api import という記述があります。
　　　これは，Python のインポート機能を使って外部ライブラリやモジュールから特定の機
　　　能（今回の場合は oTree のフレームワーク内で定義されているさまざまな機能やクラ
　　　ス）を現在のプログラムに取り込むことができるようになります。もう少しわかりやす
　　　く言えば，今回のプログラムで oTree の機能を使えるようにする「おまじない」だと
　　　思ってください。また，doc から始まる項目の中の """ と """ の間にアプリの説明を記
　　　述することができます。今回は「基本的な項目のアンケート」と入れておきましょう。

ルダを開いてください。そうすると，フォルダ内のファイルが左側に表示されるようになります。また，「ターミナル」→「新しいターミナル」という選択をすると，図 3.2 のように下部にターミナルも表示されます。エクスプローラーの画面には otreetest フォルダの中にあるファイルが表示されます。こちらを用いると，非常に効率的に作業できます。

図 3.2 作業時の VS Code の画面

プログラム 3-4 (C クラスの定義)

```
1  class C(BaseConstants):
2      NAME_IN_URL = 'questionnaire'
3      PLAYERS_PER_GROUP = None
4      # 1 人のときは"None"と記述する
5      NUM_ROUNDS = 1
6      # 質問は 1 度だけ
```

プログラム 3-4 には，__init__.py における C クラスの設定を記述しています。NAME_IN_URL では，プログラム 3-3 で設定したアプリの名前が自動的に埋め込まれます。特に変更することはありませんので，このままにしておきます。なお，各項目ではインデント（字下げ）が挿入されています。Python では

必ずインデントを合わせてください†。また#以下はコメントアウトと呼ばれ実行されません。プログラムのメモだと思ってください。

`PLAYERS_PER_GROUP` では，何人でアプリを実行するのか設定します。複数人プレイヤーのインタラクションがあるゲーム実験ではここに1グループあたりの人数が入ることになりますが，アンケートはほかのプレイヤーとのインタラクションはなく，1人で実行することになります。この場合は None と設定することになります。

`NUM_ROUNDS` では，繰り返して実行する回数を示しています。アンケートでは同じ質問項目を複数回繰り返して尋ねることはないかと思いますが，社会科学における実験では同じ課題について意思決定を繰り返す場合があります。その際には，ここで繰り返しの回数を設定することになります。

なお，`NAME_IN_URL`，`PLAYERS_PER_GROUP`，`NUM_ROUNDS` は oTree 上で定義されているため任意の変数名として使えません。ほかにも，組み込み関数として定義されているものがありますので，注意をする必要があります。

（**2**）**Player クラスの定義**　続いて，Player クラスの中で，各プレイヤーに関する変数を定義します。今回は，性別，年齢，居住地域，回答端末について尋ねます。**プログラム 3-5** には Player クラスの定義を記述しています。

プログラム 3-5 (Player クラスの定義)

```
1   class Player(BasePlayer):
2       q_gender = models.CharField(initial = None,
3                                    choices = ['男性', '女性'],
4                                    verbose_name = 'あなたの性別を教えてください',
5                                    widget = widgets.RadioSelect)
6       # ラジオボタンを使うときは widget = widgets.RadioSelect を記述する
7
8       q_age = models.IntegerField(initial = None,
9                                    verbose_name = 'あなたの年齢を教えてください',
```

---

† Python においては，インデントはコードの構造を示すために重要です。同じ数のスペースでインデントされたまとまりを一つのブロックとして扱い，インデントが適切にできていないとエラーが発生します。一つのインデントは基本的にスペース四つ（＝Tab キー1叩き分）で構成することになります。ちなみに，インデントを入れすぎたと思った場合には，VS Code の場合，該当箇所を選択して Shift キーを押しながら Tab キーを押すと，インデントを減らすことができます。

3.1 これから作成する実験プログラムの概要 43

```
10                              choices = range(0, 125)
11                          )
12      # 数字の場合は"choices"を使うことで範囲を指定できる
13      # 0<= q_age < 125 になるので，表示される最小値は 0，最大値は 124 となる
14
15      q_area = models.CharField(initial = None,
16                          choices = ['北海道'，'東北地方'，'関東地方'，
17                                     '中部地方'，'近畿地方'，'中国地方'，
18                                     '四国地方'，'九州地方']，
19                          verbose_name = 'あなたのお住まいの地域を教えてください'
20                          )
21      q_tanmatsu = models.CharField(initial = None,
22                          choices = ['パソコン'，
23                                     'タブレット'，
24                                     'スマートフォン'，
25                                     'それ以外']，
26                          verbose_name = '解答端末を教えてください'，
27                          widget = widgets.RadioSelect
28                          )
```

　ここでは q_gender，q_age，q_area，q_tanmatsu の四つの入力項目を作成します†。

　Field（フィールド）とは，モデル定義の際に必要となる項目で，実際に実験参加者が入力したり，計算の際に必要となる数字を設定することになります。フィールドの中に，それぞれ verbose_name という表記がありますが，これは質問文として実験画面に表示されます。**表 3.1** にフィールドの種類を示します。

　このプログラムでは，q_gender と q_tanmatsu はラジオボタンで入力するようになっています。ラジオボタンとは，複数の選択肢の中から一つだけを選ぶためのボタンです。丸いボタンの形をしており，一つを選択するとほかの選択は自動的に解除されます。また，q_age と q_area は**プルダウンメニュー**（ドロップダウンメニュー）で入力するようになっています。プルダウンメニューは，クリックすると複数の選択肢が一覧として表示され，その中から一つを選ぶ形式のメニューです。最初は空白の選択肢だけが表示され，クリックすると

---

† 　ちなみに，widget = widgets.RadioSelect では，ラジオボタンを縦に並べることができますが，widget = widgets.RadioSelectHorizontal にするとラジオボタンを水平に並べることができます。

44   3. アンケートを作ってみよう —— アプリ作成の基本と表記の日本語化 ——

表 3.1 フィールドの種類

フィールド	内　容
CurrencyField	ポイントなどを格納するために使用されるフィールド，oTree でゲーム実験を実施するときには基本的に CurrencyField を使います。
IntegerField	整数値を保存するフィールド
FloatField	実数値や小数点を含む数値を保存するフィールド
BooleanField	真偽値（True/False）を格納するためのフィールド，0/1，True/False など
StringField	短い文字列データ用のフィールド
LongStringField	長い文字列データ用のフィールド

注）詳細は付録 A.6 参照

ほかの選択肢が下に展開されます。oTree では，選択肢が用意されている項目についてはプルダウンメニュー，それ以外の項目では直接数字などを入力することになります[†]。

（3）**Group クラスの定義**　Group クラスは，プレイヤー同士のインタラクションがあるときに用います。今回はプレイヤー同士のインタラクションはないので，フィールドの定義は行いません。フィールドの定義を行わない場合には**プログラム 3-6** のように pass と入力します。

プログラム 3-6　(Group クラスの定義)

```
1  class Group(BaseGroup):
2      pass
```

（4）**Subsession クラスの定義**　Subsession クラスについても，今回は特に定義することはありません。同様に，**プログラム 3-7** のように pass と入力します。

プログラム 3-7　(Subsession クラスの定義)

```
1  class Subsession(BaseSubsession):
2      pass
```

（5）**FUNCTIONS の定義**　__init__.py 内において，FUNCTIONS を定義することがあります。これは変数同士の計算を実行する際に用います。例えば，インタラクションのあるゲーム実験では複数のプレイヤーが支払ったポイントをもとに各プレイヤーの利得が決まります。

[†]　実験参加者が表示・入力しやすい表示・入力項目を利用するようにしましょう。

　　　　　　　　3.1　これから作成する実験プログラムの概要　　45

この利得計算をどのように行うのか定義するのが FUNCTIONS の役割です
が，今回はそのような計算は必要ありませんので，5 章以降で改めて説明します。

3.1.2　html ファイルの定義

html ファイルでは，具体的な項目を表示するページの内容を表示します。
今回はページ遷移がわかりやすいように，questionnaire フォルダの中に
Page1.html という html ファイルを作成します。こちらはすでに存在してい
る MyPage.html の名前を書き換えておきましょう。書き換えたら，**プログラ
ム 3-8** のように記述してください。また，今回は Results.html は使わないの
で，削除しておきましょう。

プログラム 3-8　(Page1 の定義)

```
 1  {{ block title }}
 2      質問項目
 3  {{ endblock }}
 4
 5  {{ block content }}
 6  <div>
 7      <p>
 8          以下の質問について，最もあてはまる (最も近い) 選択肢を選んでください.
 9      </p>
10  </div>
11      {{ formfields }}
12      {{ next_button }}
13  {{ endblock }}
```

　上記の項目について，もう少し細かく説明します。oTree は Django テンプ
レートエンジンに類似しており[†]，html ファイル内で Python の変数を利用で
きるようにしています。

　プログラム 3-8 における {{ block title }}...{{ endblock }} では，タ
イトルを設定することができます。ここのブロックで囲んだ部分については，

[†]　正確には，旧バージョンの oTree では Django に依拠していたのですが，現行バージョ
　　ンからは独立したものとなっています。そのために現行バージョンでは Django は完
　　全な互換性はなく，一部には使えない機能もありますが十分に参考になります。参考文
　　献の「より詳しく学ぶために」の中でも触れていますので参考にしてください。

フォントが大きくなります。

また，`{{ block content }}`...`{{ endblock }}`には実験画面の本文として表示する内容を記述します。ここでは，html を使って記述をすることができます。また，`{{ formfields }}`では入力項目を表示する場所を指定し，`{{ next_button }}`ではつぎのページに進み，データが記録される Next ボタンを表示することができます[†1]。

以上で html ファイルの設定は終了です。

3.1.3 PAGES の定義

続いて，PAGES の定義をします。再び，`__init__.py` を開きましょう。PAGES では「ページの表示の順番」や「入力項目」，「関数の計算の順番」などを定義します[†2]。

（1） Page1 について　　Page1 では質問項目への回答の入力があります。はじめに，入力画面を作りましょう。`MyPage.html` を `Page1.html` に変更したので，`class MyPage(Page)` も同様に，**プログラム 3-9** に示したとおり `class Page1(Page)` に変更します。

そして，`form_model` でデータの入力があるクラスを指定します。今回は Player クラスのフィールドへのデータの入力があります。また，`form_fields` には入力する項目を設定します。今回は Player クラスの中で設定した `q_gender`，`q_age`，`q_area`，`q_tanmatsu` の四つのフィールドについて入力を行います。

プログラム 3-9（PAGES の定義）

```
1  class Page1(Page):
2      form_model = 'player'
3      # 各フィールドは player クラスで定義されている
4      form_fields = [
5          'q_gender','q_age','q_area','q_tanmatsu'
6      ]
7      # 質問項目は四つある
```

[†1] 詳細については，付録 A.5 を参考にしてください。
[†2] 個人的には，「関数の計算の順番」に落とし穴が多いと感じていますが，今回は関数の計算が存在しないので大丈夫です。

（2） 表示する順番を定義する　　最後に，ページを表示する順番を定義します。プログラム **3-10** では，ページの表示の順番を定義しています。今回のアプリは 1 ページしかないので，ページ遷移は一つだけ記述します。既存の page_sequence を上書きしてください。

プログラム 3-10　(各ページの表示の順番の定義)

```
page_sequence = [Page1]
```

以上でアプリの作成は終了です。

3.1.4　SESSION_CONFIGS の定義

　最後に，oTree で実験を実装するには，settings.py の中の SESSION_CONFIGS にアプリを構成する必要があります。既存の SESSION_CONFIGS をプログラム **3-11** のように書き換えてください。これからほかのさまざまなアプリを追加していくことになるかと思いますが，name は，オリジナルな名前（ほかのアプリと重複しない名前）をアルファベットで設定する必要があります。display_name は自身にとってわかりやすいものを設定しましょう。num_demo_participants では，アプリに参加する人数（最小人数）を設定することになります。今回はプレイヤー同士のインタラクションがないアンケートなので 1 で構いません。app_sequence ではアプリの表示順を設定します。今回はアンケートだけを実行したいので，いま作成した questionnaire を設定します。既存の SESSION_CONFIGS を上書きしてください。

プログラム 3-11　(SESSION_CONFIGS の定義)

```
 1  SESSION_CONFIGS = [
 2      dict(
 3          name = 'questionaire',
 4          # この構成の名前を設定します
 5          display_name = "はじめてのアンケート",
 6          # oTree のデモ画面で表示される名前を設定します
 7          num_demo_participants = 1,
 8          # デモ画面に参加する人数を設定しておく必要があります
 9          app_sequence = ['questionnaire']
10          # この構成で使用するアプリケーションを設定します
11      )
```

48   3. アンケートを作ってみよう —— アプリ作成の基本と表記の日本語化 ——

12]

3.1.5 動 作 の 確 認

最後に，自身の端末をサーバとして起動して動作を検証しましょう。先ほど
用意したターミナル上で**プログラム 3-12** を実行します。

プログラム 3-12 (サーバとして起動)

```
otree devserver
```

これで自身の端末で実験を実施することができます。http://localhost:8000/
にアクセスしてみてください。デモ画面に表示された「はじめてのアンケート」
をクリックして，動作を検証しましょう。Split screen mode という表示の下
にある "Play in split screen mode" というリンクをクリックすると動作を検
証できます[†]。もし，エラーが出たら付録のチェックリスト（付録 A.7）などを
確認してください。

3.2 表記の日本語化

現在の設定では，ボタンの表示が Next になっていますし，このままでは，今
後使う CurrencyField によるポイント表記が points になっていたりと，英
語表記が混ざってしまいます。しかし，日本国内で実験を行う場合には，日本
語のほうが実験参加者にとってわかりやすいです。

その場合，settings.py にある LANGUAGE_CODE で日本語に対応させること
ができます。現在，en になっている LANGUAGE_CODE を**プログラム 3-13** のよ
うに書き換えてください。

プログラム 3-13 (プログラムを日本語に対応させる)

```
LANGUAGE_CODE = 'ja'
```

このページ以降のスクリーンショットでは，日本語対応したものとして説明
をします。なお，LANGUAGE_CODE を fr にするとフランス語，zh-hans にする

[†] なお，詳細な画面の見方は 4 章にて紹介します。

と中国語繁体字に変更することができます。さまざまな言語に対応しているので，実験の目的に応じて使い分けてください。

　最後に，章末問題を用意しました。実際にコードをいろいろいじりながら試してみましょう。わからないことがあったら，さまざまな方法で検索しながら調べてみてください。解答はサポートページ†に掲載します。

章　末　問　題

【1】 性別を 2 値（男女）での回答を求めるのは現在の社会状況を鑑みると，適切な選択肢であるとは言えません。ここに「回答しない」という選択肢を足しましょう。

【2】 現在，一人暮らしかどうかを尋ねる質問項目を作成してみましょう。回答は「はい」，「いいえ」の文字列でラジオボタンにします。

【3】 学生であるか否かを 2 値で尋ねる質問項目を BooleanField を使って作成してみましょう。

すべてのプログラム

　プログラム 3-14，プログラム 3-15 では，本章で扱ったプログラムをすべて示しますので，改めて確認してください。

プログラム 3-14 (__init__.py，プログラム 3-5 から 3-7 およびプログラム 3-9，3-10)

```
1   from otree.api import *
2
3
4   doc = """
5   基本的な項目のアンケート
6   """
7
8
9   class C(BaseConstants):
```

---

† 　コロナ社の Web ページからアクセスできます。本書とびらページの裏面【本書ご利用にあたって】に記載した QR コードをご利用ください。

```
10      NAME_IN_URL = 'questionnaire'
11      PLAYERS_PER_GROUP = None
12      # 1 人のときは None と記述する
13      NUM_ROUNDS = 1
14      # 質問は 1 度だけ
15
16  class Subsession(BaseSubsession):
17      pass
18
19  class Group(BaseGroup):
20      pass
21
22  class Player(BasePlayer):
23      q_gender = models.CharField(initial = None,
24                                  choices = ['男性', '女性'],
25                                  verbose_name = 'あなたの性別を教えてください',
26                                  widget = widgets.RadioSelect)
27      # ラジオボタンを使うときは widget = widgets.RadioSelect を記述する
28
29      q_age = models.IntegerField(initial = None,
30                                  verbose_name = 'あなたの年齢を教えてください',
31                                  choices = range(0, 125)
32                                  )
33      # 数字の場合は"choices"を使うことで範囲を指定できる
34      # 0<= q_age < 125 になるので，表示される最小値は 0，最大値は 124 となる
35
36      q_area = models.CharField(initial = None,
37                                choices = ['北海道', '東北地方', '関東地方',
38                                           '中部地方', '近畿地方', '中国地方',
39                                           '四国地方', '九州地方'],
40                                verbose_name = 'あなたのお住まいの地域を教えてください'
41                                )
42      q_tanmatsu = models.CharField(initial = None,
43                                    choices = ['パソコン',
44                                               'タブレット',
45                                               'スマートフォン',
46                                               'それ以外'],
47                                    verbose_name = '解答端末を教えてください',
48                                    widget = widgets.RadioSelect
49                                    )
50
51
```

すべてのプログラム　　*51*

```
52   # PAGES
53   class Page1(Page):
54       form_model = 'player'
55       # 各フィールドは player クラスで定義されている
56       form_fields = [
57           'q_gender','q_age',
58           'q_area','q_tanmatsu'
59       ]
60       # 質問項目は四つある
61
62   page_sequence = [Page1]
```

プログラム 3-15 (Page1.html, プログラム 3-8)

```
 1   {{ block title }}
 2       質問項目
 3   {{ endblock }}
 4
 5   {{ block content }}
 6   <div>
 7       <p>
 8           以下の質問について，最もあてはまる（最も近い）選択肢を選んでください.
 9       </p>
10   </div>
11       {{ formfields }}
12       {{ next_button }}
13   {{ endblock }}
```

4

画 面 の 見 方

　本章では，oTree で実験する際に画面に表示される内容の見方について紹介します。3 章で作成したアンケートをどのように確認するのか，どのような項目が表示されるのかと併せて確認しましょう。

4.1　oTree 全体の画面構成

　アプリを実行したら，表示される画面を確認しましょう。はじめに，oTree 全体に関わる画面を確認します。oTree を "otree devserver" で起動し，最初に表示されるページ[†]にアクセスすると，画面の上部に図 **4.1** のようなバーが表示されます。4.1 節では，図 4.1 のそれぞれのリンクをクリックした際に表示される画面の内容について説明します。

図 **4.1**　トップ画面のバー

4.1.1　デモ画面（Demo）

　最初にアクセスしたときに表示される画面がデモ画面です（図 **4.2**）。この画面では，`settings.py` の中の `SESSION_CONFIGS` で設定したアプリが表示されます。デモ画面に表示されたリンクをクリックすることで，作成したアプリの動作を検証することができます。

[†]　http://localhost:8000/

図 4.2　デモ画面

4.1.2　セッション画面（Sessions）

Sessions をクリックして表示されるセッション画面では図 4.3 の Create new session から個別の実験用の URL を発行することができます[†]。

図 4.3　セッション画面 1

また，一度セッションを実行したあとには，図 4.4 の Archive から実行したセッションをアーカイブしたり，Delete からデータを削除することができます。

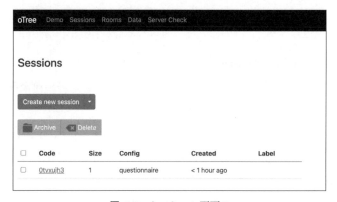

図 4.4　セッション画面 2

[†] 実際に実験する場合には，4.1.3 項で紹介するルーム画面から実験を設定することが多いので，詳細な説明は割愛します。

54   4. 画 面 の 見 方

4.1.3 ルーム画面（**Rooms**）

Rooms をクリックして表示されるルーム画面では，実験参加者 1 人ひとり
に対して，個別に実験実施者が設定した label を実験参加者に付与することが
できます†。設定していないと何も表示されませんが（**図 4.5**），設定すると
図 4.6 のように表示されます。Rooms 機能を使いこなすことが（特に成果報酬
のある）実験の成否を左右すると言っても過言ではありません。詳細について
は，4.3 節にて紹介します。

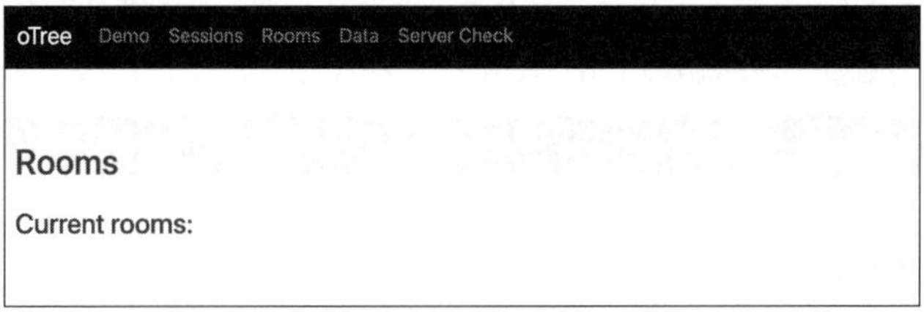

図 4.5　ルーム画面 1

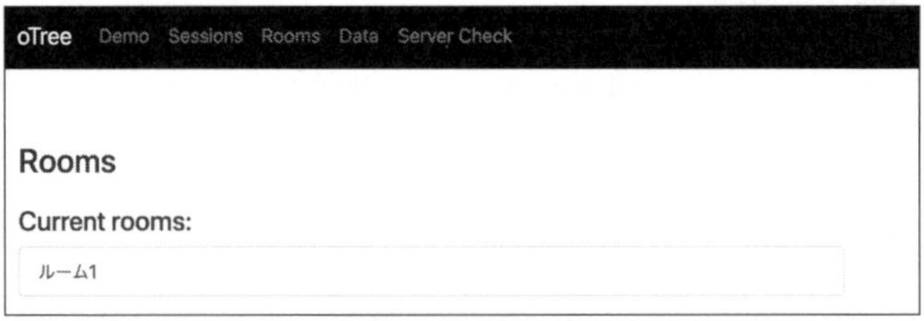

図 4.6　ルーム画面 2

4.1.4　データ画面（**Data**）

図 4.7 には Data 機能による画面を表示しています。この画面からデータを
出力してダウンロードすることができます。

はじめに，Citation requirement が示されています。これは，oTree の開発
者からの利用資格に関わる案内であり，oTree を利用した研究を報告する際に
は 2 章の冒頭でも紹介した論文の引用が求められます。

All apps 以降にはダウンロード可能なデータが表示されています。これらの

---

†　一般的に「実験参加者番号」や「実験参加者 ID」と呼ばれる，実験参加者に割り当て
る個人の識別子を，oTree では label という表現をします。

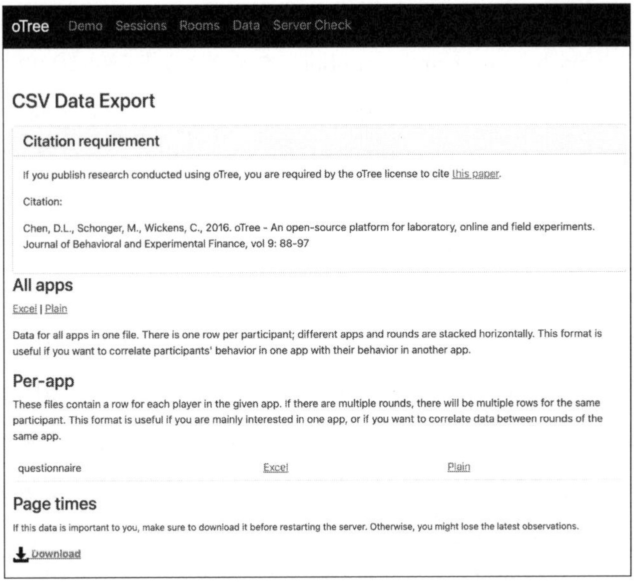

図 4.7 エクスポート画面

データはこの先で紹介する otree resetdb を実行するとすべて消えてしまいますので，気をつけてください。All apps では，個人に関するデータを横長の形式でダウンロードすることができます。横長の形式とは，各行が個別の観測値を表し，各列が異なる変数を示すデータの整理方法です。1 人の個人に関するデータが 1 行にまとめられています。

　一方，Per-app からは，各アプリごとのデータを縦長の形式でダウンロードすることができます。縦長の形式とは，各行が異なる観測値を表し，列が同じ変数を示すデータの整理方法です。特に，複数のアプリや条件下でのデータを統合して分析する際に便利であり，時系列データの分析などに用いられます。実際には，個人に割り振った label などに基づいてデータを抽出・再整理をしながら分析をしていくことになります。

　そして，最後に Page times からは，各プレイヤーが各ページの入力が終了した時間をダウンロードすることができます。ただし，「1970 年 1 月 1 日午前 0 時 0 分 0 秒（UTC）」からの経過秒数であるエポック秒（UNIX 時間）で表現さ

れていますので，計算や変換に注意が必要です．ほかに，participant_code や app_name, page_name, round_number, タイムアウトが起こったかどうかを示すダミー変数である timeout_happened, 待ちページであるかどうかを示すダミー変数である is_wait_page などが示されています．

4.1.5 サーバチェック画面（Server Check）

サーバチェック画面では，現在のサーバの環境・準備状況について確認することができます．図 4.8 では，上から順番に oTree で使用しているバージョンと，それが最新版か否か，動作検証用で画面の下部にさまざまな情報が表示される DEBUG モードになっているか否か[†1]，パスワードによるセキュリティが保たれているか否か，データベースは PostgreSQL になっているか否かを示しています[†2]．もし何か注意するべき項目があったら赤い文字で表記されますので，そのままで良いかどうか，問題が生じないか確認してから実験を実施しましょう．

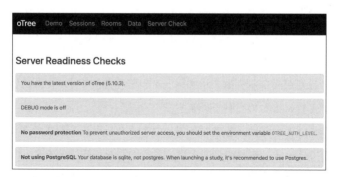

図 4.8　サーバチェック画面

[†1] ちなみに，DEBUG モードか否かによって動作が異なるときもあるので，注意してください．
[†2] この辺の設定はおもに，サーバを準備するときに必要です．パスワードの設定や PostgreSQL の設定の詳細は付録 A.3 を参照してください．

4.2 個別セッション・アプリでの画面構成

デモ画面にあるアプリのリンクをクリックすると図 4.9 のような画面が表示されます。この画面のリンクをクリックすると，さまざまな情報を確認することができます。本節においては，それらの画面について確認します。

図 4.9　デ　モ　画　面

4.2.1　更新画面 (New)

このリンクをクリックすると，作成したアプリで実験を実施していない状態にリセットすることができます。一見すると，画面上では特に大きな変更は生じていないように見えますが，作成したアプリの表示名の横に記載されているセッション名（ここでは "5sjaicui"）が変更されます。つまり，新しいセッションとして動作を検証することができるようになります。

4.2.2　リンク画面 (Links)

図 4.10 に示す画面では，oTree で実験を作成する際に実際の実験画面を確認したり，実験を実施する際に実験参加者に知らせる URL を確認することができます。ここでは以下のような文章が表示されています。

> 以下には，テストとデモンストレーションのための一時的なリンクが用意されています。実際の研究を開始するには，room を設定して永続的なリンクを作成するか，セッションページでセッションを作成してください。
> split-screen mode, session-wide link, または the single-use links のいずれかを開くことができます。

58   4. 画　面　の　見　方

図 4.10　リンク画面 1

と，いうことですので，それぞれ 3 種類のモード・リンクの機能について紹介します．

（ 1 ）　分割画面モード　　分割画面モード（Split screen mode）は，実験プログラムを作成するときに使用します．このモードでは，図 4.11 のように，上部ではモニター画面で表示される画面（詳細は後述します），下部にはアプリの実行画面が表示されます．

settings.py で設定する num_demo_participants に応じて，縦にも分割されて表示されます．なお，num_demo_participants が 3 までであれば分割画面モードのリンクが表示されますが，それ以上になるとリンクが表示されなくなります．

（ 2 ）　セッション全体リンク　　セッション全体リンク（Session-wide link）および使い切りリンクも，初めてクリックする際には同じようにフルスクリーンで実験を実施した画面が表示されます．

セッション全体リンクをクリックすると，実際に実験参加者に表示される画面が表示されます．num_demo_participants で複数を設定している場合，このリンクをクリックする度に，新しい実験参加者としてアプリを実行すること

4.2 個別セッション・アプリでの画面構成　　59

図 4.11　分割画面モード

ができます†。

（**3**）**使い切りリンク**　使い切りリンク（Single-use links）をクリックすると，実際に実験参加者に表示される画面が表示されます。もし `num_demo_participants` で複数の参加者を設定している場合，その実験参加者の数だけ専用のリンクが発行されます。これらのリンクは一度使用すると，画面を閉じた前の画面の続きから表示されるようになりますので気をつけてください。

4.2.3　モニター画面（**Monitor**）

モニター画面では，実験に参加している実験参加者がそれぞれ，どのような画面を表示しているのか確認することができます。ここでは，図 **4.12** をもとに紹介します。

一番左には，リンクにアクセスした順番に P1, P2, P3, … と番号が振ら

---

†　Session-wide link はデモ画面では Session-wide demo link として表記されます。

60   4. 画面の見方

図 4.12　モニター画面

れます．Code の列はそれぞれ実験参加者に割り振られるランダムな ID を示し，Label の列は Rooms 機能を利用した際に割り当てられる ID を示します．Progress では，全体のページの中で，現在表示しているページが全体のセッションの中で，現在何ページ目なのかを示しています．App では現在回答しているアプリを示し，Round では現在実施しているアプリで（繰り返しが設定されている場合には）何期目かを示しています．Page name では現在回答しているページに割り振られているページ名を表示してします．Time の列では，現在の画面を表示してから何分経ったのかを示しています．なお，ここでは分，時，日，週，月が表示単位となります．

また，Waiting for はほかのプレイヤーとインタラクションのある実験をした際に使われます．ほかのどのプレイヤーの意思決定を待っているのかが表示され，P1，P2，P3，… と割り振られた実験全体でのプレイヤー番号が表示されます．

4.2.4　データ画面（Data）

データ画面では，現在実施しているアプリについてどのようなデータが入力されているのか確認をすることができます．ここでは，図 4.13 をもとに 3 章で作成したアンケートを例として紹介します．

一番左は，先ほども紹介したように P1，P2，P3，… と順番に振られた番号です．group，id_in_group および role はおもに複数人でインタラクションのあ

4.2 個別セッション・アプリでの画面構成

図 4.13　データ画面

る実験を実施する際に利用しますが，それぞれグループ番号，グループの中での ID 番号および（設定すれば）プレイヤーの役割を示しています。

また，このページからデータをダウンロードした場合，データには表 4.1 に示す項目が含まれます。

表 4.1　データファイルに含まれている変数

項　目	内　容
participant.id_in_session	実験参加者がセッション内で持つ一意の ID：1 から数字が割り振られています。
participant.code	実験参加者に割り当てられた一意の識別子：このコードによってセッション間で実験参加者の動きを追いかけることができます。
participant.label	実験参加者に割り当てることができる任意のラベル：このラベルは Rooms 機能によって割り当てることができます（4.3 節参照）。
participant._is_bot	実験参加者がボットかどうかを示すダミー変数
participant._index_in_pages	実験参加者が最後にアクセスしたページのページ番号：実験参加者が最後に実験や調査の何ページ目の回答をしたのかを示します。
participant._max_page_index	最大ページ番号：全部で何ページあるのかを示しています。
participant._current_app_name	現在実行しているアプリケーションの名前：現在どのアプリを実行しているのか，どのアプリで離脱したのかを示しています。
participant._current_page_name	現在のページの名前：実験参加者がアプリのどのページの回答をしているかを示します。

62   4. 画 面 の 見 方

表 **4.1** （つづき）

項　　目	内　　容
participant.time_started_utc	実験参加者がセッションを開始した UTC 時刻
participant.visited	そのページが実験参加者によって訪れられたかどうかを示すダミー変数
participant.mturk_worker_id	Amazon Mechanical Turk のワーカー ID：MTurk を利用した実験を実施している場合は実験参加者が MTurk のワーカー ID を示しています。
participant.mturk_assignment_id	MTurk のアサインメント ID：MTurk タスクや仕事に対する一意の ID
participant.payoff	実験参加者がセッションを通じて得た報酬：実験結果に基づいて計算されます。
player.id_in_group	プレイヤーが所属するグループ内での ID：グループ内で実験参加者に割り振られた数字（ID）
player.role	プレイヤーの役割：実験の種類によっては実験参加者に異なる役割が割り当てられることがあります。その際に，プレイヤーの役割を明示する場合に用います。
player.payoff	プレイヤーがゲームや実験から得た報酬

4.2.5　支払い情報画面（**Payments**）

図 **4.14** に支払い情報画面を示します。この画面では，実験参加者に対して支払いを行う際に必要な情報を確認することができます。この支払い情報画面を利用するためには，payoff という変数を設定を利用する必要があります。詳細については 8 章で改めて説明いたします。

4.2.6　概要画面（**Description**）

図 **4.15** に概要画面を示します。この画面では，アプリの推移を示します。現在ではアプリを一つしか登録していませんが，複数のアプリを設定した場合には，複数のアプリの名前が実行される順番で表示されます。また，__init__.py の上部にある doc から始まる項目の中の """ と """ の間に入力したアプリの説明が表示されます。

4.3 Rooms の設定　　63

図 4.14　支払い情報画面

図 4.15　概　要　画　面

4.3　Roomsの設定

　ここでは，4.1.3 項で紹介したルーム画面の設定について詳述します．実際に実験をするときには，Rooms という機能を使うと便利です．Rooms 機能を使うと，実験参加者に割り振った label をもとに，実験参加者がログインできるようになりますし，実験参加者 1 人ひとりの個別 URL を用意することができます．

　実際の実験の際には，label を用いて実験参加者を管理することが多いです．個人と紐づけられる label を用意することで，それぞれに支払う成果報酬を算出したり，研究費執行に必要な個人情報と紐づけたりすることができます．

4. 画面の見方

```
これから紹介する Rooms 機能の概要
  ● _rooms フォルダの作成
  ● label ファイルの設定
  ● settings.py の設定
  ● 実験実施時の利用方法
```

はじめに，Rooms 機能が適切に設定された場合の画面（図 **4.16**）を確認しましょう。

図 **4.16** ルーム画面の例

4.3.1 _rooms フォルダの作成

それでは，早速作業を始めましょう。現在作業している otreetest フォルダ内に右クリックで _rooms という名前のフォルダを作成して構いませんが，プログラム 4-1 のコマンドで作成することもできます。

プログラム 4-1 (_rooms フォルダの作成)
```
mkdir _rooms
```

4.3.2 label ファイルの設定

続いて，label ファイルを作成しましょう。ファイルのタイトルは何でも良いのですが，今回は label.txt というファイルにしましょう。_rooms フォルダの中に新規に txt ファイルを作成して，保存してください。

このファイルの中には，**プログラム 4-2** のように入力してください[†]。各行がそれぞれ個人に割り振られるラベルになります。

[†] 個人的には，ラベルはアルファベットから始まるようにしたほうが管理しやすいように思います。もちろん，気にしなくても良いのですが，分析ソフトによっては ID を数字（特に 0 など）から始めると適切にデータを読み込めないなどややこしいことになることがあります。授業での体験実験を行う分にはすべて数字でも構いませんが，本格的な分析を行う際には注意が必要です。

4.3 Rooms の設定　　65

プログラム 4-2	(label.txt ファイルの作成)

```
1   label01
2   label02
3   label03
4   label04
5   label05
6   label06
7   label07
8   label08
9   label09
10  label10
```

4.3.3　settings.py の設定

続いて，Rooms 機能を利用するためには，settings.py でのコードの追加が必要です。プログラム 4-3 のようなコードを入力してください。一番下に追加する形で構いません。

プログラム 4-3	(settings.py の設定)

```
1   ROOMS = [
2       dict(
3           name = 'label',
4           display_name = '実験参加者 label',
5           participant_label_file = '_rooms/label.txt',
6       ),
7   ]
```

ここでは，表 4.2 のような設定を行っています。

表 4.2　Rooms の設定内容

項　　目	内　　容
name	room のプログラム内での名前を指定します。この例では label としています。
display_name	実験実施者に表示される room の名前です。ここでは図 4.16 や図 4.17 のように「実験参加者 label」となっています。
participant_label_file	実験参加者の ID が記載されたファイルのパスを指定します。この例では _rooms/label.txt となっており，(otreetest フォルダの中にある) _rooms フォルダ内の label.txt ファイルを参照しています。participant_label_file で指定されたファイル label.txt に保存した実験参加者 label により，実験参加者を管理することができます。

66   4. 画 面 の 見 方

この設定により，指定された URL にアクセスし，実験参加者の各自に割り
振られた label を入力することで実験に参加することができます。

4.3.4　実験実施時の利用方法

続いて，具体的に Rooms 機能を利用する方法を紹介します。実験を実施する
際にはいくつかの準備が必要です。今回は，個別 URL を発行する場合と全員
に向けた共通の URL を発行する場合の 2 通りの方法を紹介します。また，そ
れぞれの設定を行う前に，共通して行うべきことがありますので，それらにつ
いて簡単に説明をします。

（**1**）　**共通する準備**　　はじめに，実際に実験をする際にはページの準備が
必要です。Rooms の設定ができたら図 4.16 が表示されます。実験参加者 label
という画面をクリックすると，**図 4.17** のような画面が表示されます。

Session Config では，実施したいアプリないしはセッションを選択します。ま
た，Number of participants では，今回実施する実験参加者の人数を指定します。
ここで設定する数字は，各アプリの `__init__.py` で設定した，`PLAYERS_PER_`
`GROUP` の人数の倍数である必要があります。今回作成するアプリを例とすると，
5 章で作成する公共財ゲームは 3 の倍数，6 章で作成する独裁者ゲームや 7 章の
最終提案ゲーム，8 章の信頼ゲームでは 2 の倍数である必要がありますし，公
共財ゲームと信頼ゲームを組み合わせて実施するならば，6 の倍数である必要
があります。

Configure session では，実験参加者に支払う実験参加費である participa-
tion_fee と成果報酬である real_world_currency_per_point を設定できます†。

App sequence では，どのようなアプリが実施されるのかが表示されます。特
に複数のアプリを設定した場合には，実際に意図したとおりに表示されている
かを確認しましょう。

Persistent URLs 以下が URL の設定に関わる箇所となります。

（**2**）　**個別 URL を発行する場合**　　Participant-specific URLs の下部に

---

†　この点については，8 章を読んだあとに試してください。

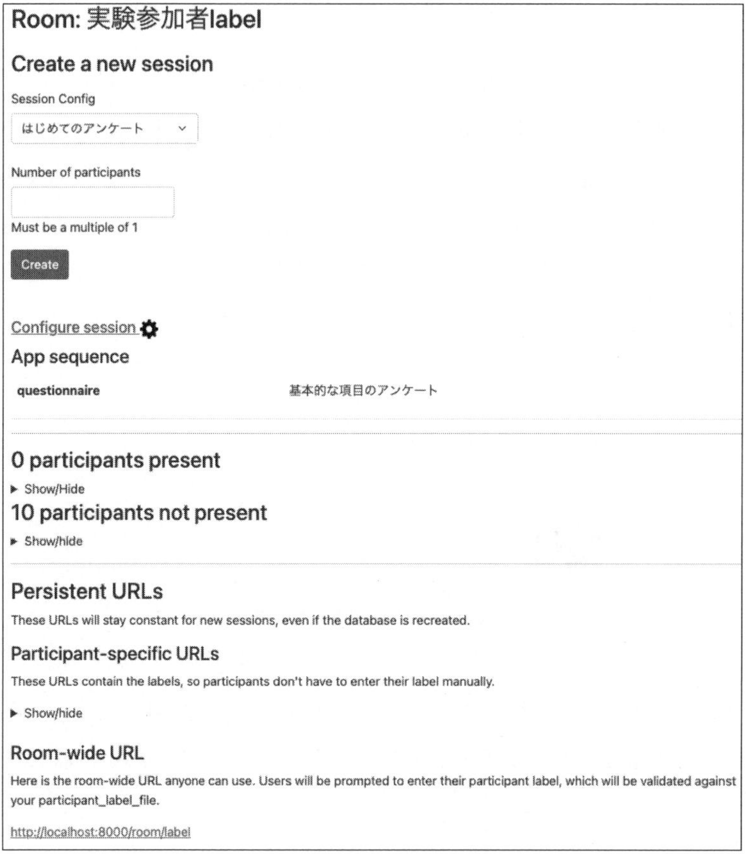

4.3 Rooms の設定　　67

Room: 実験参加者label

Create a new session

Session Config

はじめてのアンケート ∨

Number of participants

Must be a multiple of 1

Create

Configure session ⚙

App sequence

questionnaire　　　　　　　　　　基本的な項目のアンケート

---

0 participants present
▶ Show/Hide

10 participants not present
▶ Show/hide

Persistent URLs
These URLs will stay constant for new sessions, even if the database is recreated.

Participant-specific URLs
These URLs contain the labels, so participants don't have to enter their label manually.

▶ Show/hide

Room-wide URL
Here is the room-wide URL anyone can use. Users will be prompted to enter their participant label, which will be validated against your participant_label_file.

http://localhost:8000/room/label

図 **4.17**　Rooms の設定画面の例

ある ▶ Show/hide をクリックすることで個別 URL を確認することができます。今回の場合は，以下のように表示されます†。

- http://localhost:8000/room/label?participant_label=label01
- http://localhost:8000/room/label?participant_label=label02
- http://localhost:8000/room/label?participant_label=label03

---

† サーバの URL に続き，`/room/label?participant_label=` という共通の文字列があります。URL 中の `label` はこちらで指定したものであり，`settings.py` の ROOMS で設定した `name` に合わせて変化します。また，`participant_label=` 以降には `label.txt` で設定した label が割り振られています。

68   4. 画面の見方

⋮

- http://localhost:8000/room/label?participant_label=label10

（3）共通 URL を発行する場合　共通 URL を発行する場合，今回の設定では http://localhost:8000/room/ID にアクセスすることで，図 **4.18** のようなラベルの入力画面が表示されます[†1]。この図 4.18 に `label.txt` に登録したラベルを入力することで，実験を始めることができます。場合に応じて，両者を使い分けると良いでしょう[†2]。

図 **4.18**　ラベルの入力画面の例

以上が，画面の見方の概要です。ここではひと通りの説明をしましたが，実際に触れてみることでより理解できるかと思います。ぜひいろいろ試してみてください。

[†1] 先ほどと同様に，URL に続き，`/room/label/`という共通の文字列が付加されています。なお，URL 中の `label` はこちらで指定したものであり，`settings.py` の ROOMS で設定した `name` に合わせて変化します。

[†2] 筆者がクラウドソーシングを使って実験を実施する際には，個別 URL を発行して実施しますが，ラボ実験を実施する際には実験参加者に ID を割り振った上で後者の方法を利用しています。また，授業内で実験を行う際には学生番号を label とした上で，共通 URL を発行して QR コードにしてプロジェクターに表示して実施しています。

5

公共財ゲーム実験を作ろう
── インタラクションのある実験の基礎 ──

　本章では**公共財ゲーム**（public goods game）と呼ばれるゲーム実験のプログラムを作成します。公共財ゲームとは，各個人が自身の利益最大化を目指すと，社会全体としての利益最大化が達成できないという状況を反映した社会的ジレンマの一つとして知られています。経済学や社会心理学，数理社会学などさまざまな領域から注目を浴びている実験です。

　この実験では，複数のプレイヤーが同時に意思決定を行う構造になっており，その意思決定の結果をもとに，獲得できる利益が決まることになります。プログラムとしてはプレイヤー同士のインタラクションによって獲得するポイントが変化しますので，その際にどのように計算が行われていくのかを学びましょう。併せて，プレイヤー同士のマッチング（組合せ）の方法についても紹介します。

5.1　公共財ゲームとは

　公共財ゲームとは，他者との「協力」を検討するものです。例として公園を作る状況を考えてみましょう。単純化のために，各自が 1,000 円持っている状況を想定します。そして，以下のようなストーリーがあるとします。

> 各自が持っている 1,000 円の中から公園を作るためにいくらかを支払って公園に遊具を作ってください。支払われた金額から作られた公園はだれでも自由に利用できます。

　このように言われた場合，皆さんはどうするでしょうか？例えば，公園ができたら，自分自身も公園を楽しむことができます。すなわち，公園から利益を享受することができます。全員が持っている金額を全部出せば，公園の遊具は立

派なものになり，全員で楽しむことができます。しかしながら，公園を作るためにはお金を支払わなければならず各自のお金が減ってしまいます。一番得をするのは，お金を支払わずに公園からの利益を享受できれば良いのですが，全員が同じことを考えたら，公園はできずに公園からの利益を享受することができません…。公共財ゲームは，こんな社会状況を単純化して示したものです。

　実験では，プレイヤーたちは個々に一定量のポイントを持っており，その中からいくらを個人の利益のために残して，いくらを公共のプールに貢献するかを決定します。グループのプレイヤー全員が貢献すれば，社会全体の利益は大きくなります。一方で，ほかのプレイヤーが支払っているにもかかわらず，自分だけ支払わなければ，自身の利益をもっと大きくすることができます。このような自分だけ支払わないプレイヤーをフリーライダーと呼びます。この公共財ゲームにおいては，貢献額が多ければ多いほど社会のために協力していると評価ができ，向社会性ないしは協力行動（自発的貢献行動）を分析する枠組みとして用いられています。

　さて，実際に公共財ゲームのプログラムを作ってみましょう。

5.2　これから作成する実験プログラムの概要

　今回実施する公共財ゲームは3人プレイヤーで実施します。各プレイヤーの初期保有額を20ポイントとし，0〜20ポイントの中から好きな金額を貢献できるものとします。貢献された金額は，プレイヤー全員の貢献額を1.6倍して，3人で均等に分配します[†]。各プレイヤーは，最終的に貢献しなかった金額と分

[†]　一般的に，公共財ゲームにおけるプレイヤー i の利得関数は，$\pi_i = E_i - C_i + \dfrac{X}{N} \sum C$ として表すことができます。ただし，ここでは π_i でプレイヤー i の利得を，E_i でプレイヤー i の初期保有額を，X で係数を，N でプレイヤーの人数を，C_i でプレイヤー i の支払額を，$\sum C$ で自身を含めた同じグループにいるプレイヤー全員の支払額の合計を示すものとします。したがって，今回は作成するプログラムの利得関数 $\pi_i = 20 - C_i + \dfrac{1.6}{3} \sum C$ として表されます。なお，$\dfrac{X}{N}$ は **MPCR**（marginal per capita return, 限界収益率）とも呼ばれます。

5.2 これから作成する実験プログラムの概要

配された金額の合計を獲得することになります。

この状況を簡単に図 5.1 に示します。また，プログラム内容は下記のとおりです。

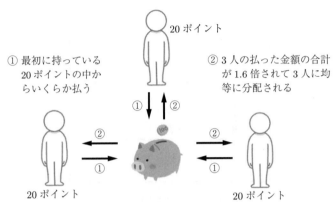

図 5.1　公共財ゲームの概要図

公共財ゲームのプログラム内容

内　容：3 人プレイヤーによる公共財ゲーム

実験参加者が入力する項目：
- 公共財ゲームの貢献額

計算する項目：
- プレイヤー 3 人の貢献額を合計して，1.6 倍した上で，人数で等分して分配額を算出する
- 各プレイヤーの利得：初期保有額から各プレイヤーの貢献額を引いた上で，分配額を足す

ページ数：全ページ
- Page1：貢献額を入力するページ
- Page2：全員の貢献額をもとに，獲得額を計算するページ
- Page3：結果を出力するページ

注意すべきこと：
- プレイヤー全員の貢献額が決まってから計算を実行する必要がある

この実験は，図 5.2 の順番で進むことになります。

72　5. 公共財ゲーム実験を作ろう —— インタラクションのある実験の基礎 ——

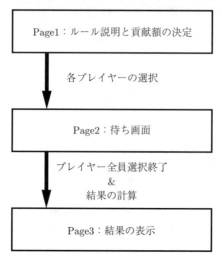

図 5.2　実験画面の流れ

作成する画面の例として，図 5.3 には説明と貢献額の決定画面を，図 5.4 にはほかのプレイヤーの意思決定を待つ画面を，図 5.5 には結果の表示画面を示しています。

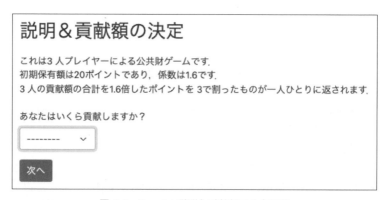

図 5.3　Page1：説明と貢献額の入力画面

図 5.4　Page2：ほかのプレイヤーの意思決定を待つ画面

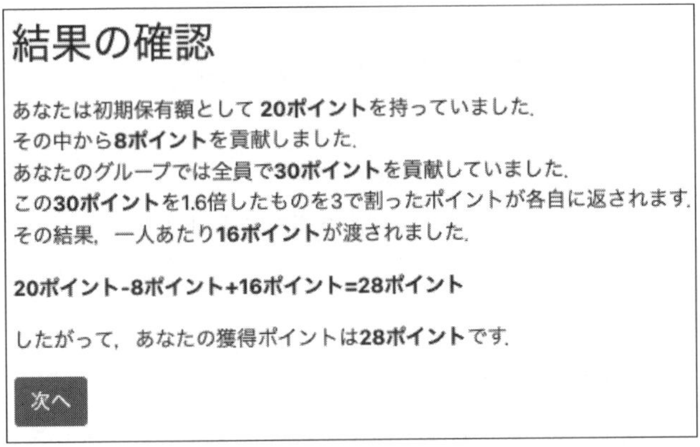

結果の確認

あなたは初期保有額として **20ポイント** を持っていました.
その中から **8ポイント** を貢献しました.
あなたのグループでは全員で **30ポイント** を貢献していました.
この **30ポイント** を1.6倍したものを3で割ったポイントが各自に返されます.
その結果，一人あたり **16ポイント** が渡されました.

20ポイント-8ポイント+16ポイント=28ポイント

したがって，あなたの **獲得ポイントは28ポイント** です.

次へ

図 **5.5** Page3：結果の確認画面

（**1**） **oTree のアップデート**　アップデートはインストールと同じコマンドです．しばらく oTree に触れていない方は**プログラム 5-1** を実行しておくことをおすすめします．

プログラム 5-1 (oTree のアップデート)

```
pip install -U otree
```

（**2**）**アプリを作成する**　最初に，フォルダの中へ移動しましょう．**プログラム 5-2** を実行してください．

プログラム 5-2 (otreetest フォルダへの移動)

```
cd ~/Desktop/otreetest
```

続いて，ベースとなるアプリを作成します．今回のアプリは publicgoods_trial という名前にしましょう（**プログラム 5-3**）．

プログラム 5-3 (publicgoods_trial という名前のアプリを作成)

```
otree startapp publicgoods_trial
```

ターミナル上でプログラム 5-3 を実行すると，最低限必要なプログラムのみのアプリが作られます．なお，このあともターミナルを使いますので，閉じないでください．

5.3 アプリ作成の手順

さて，アプリを作成しましょう。先ほどと同様に，MODELS, FUNCTIONS,
html ファイル，そして PAGES の順番で説明をします。そして最後に，プロ
ジェクトにアプリを登録します。

5.3.1 MODELS の定義

さて，__init__.py 内の MODELS では動作を定義します。MODELS は
大きく，C クラス（Constants クラス），Subsession クラス，Group クラス，
Player クラスの四つに分けられるものでした。

今回のプログラムでは Player クラスだけでなく，Group クラスも使用します。

（1） C クラスの定義　　まずプログラム 5-4 を参考に，C クラスから設定
していきます。はじめに，publicgoods_trial フォルダ内の __init__.py を
開きましょう。

プログラム 5-4 (C クラスの定義)

```
 1  class C(BaseConstants):
 2      NAME_IN_URL = 'publicgoods_trial'
 3      PLAYERS_PER_GROUP = 3
 4      # 3 人プレイヤー
 5      NUM_ROUNDS = 1
 6      # 1 期のみ
 7      ENDOWMENT = cu(20)
 8      # 初期保有額は 20 ポイント
 9      MULTIPLIER = 1.6
10      # 全員の貢献額の合計を 1.6 倍にします
```

プログラム 5-4 では定数などの基本的な設定を行います。最初に，PLAYERS_
PER_GROUP と NUM_ROUNDS に注目してください。PLAYERS_PER_GROUP では，
一つのアプリに参加する人数を設定できます。今回は 3 人プレイヤーで実施し
ますので，3 と設定しています。なお，4 章で説明したとおり，各プレイヤー
には id_in_group というグループ内での ID を示す数字が割り振られます。3

人グループの場合，プレイヤーに 1 から 3 の数字のいずれかが割り振られ，グループ内のプレイヤーの識別に利用することができます。また，doc から始まる項目の中の """ と """ の間にアプリの説明を記述することができます。今回は「公共財ゲーム実験」と入れておきましょう。

NUM_ROUNDS は，繰り返して実行する回数を設定できます。最初は繰り返しなしにしようと思いますので，まずは 1 にしておきます。さらに，新たに ENDOWMENT と MULTIPLIER という変数を設定しました。ENDOWMENT はプレイヤーに最初に割り当てられる初期保有額を示しています [1]。また，MULTIPLIER は貢献額の合計に掛ける係数を示しています [2]。

（2） **Player クラスの定義**　続いて，Player クラスの中で，各プレイヤーに関する変数を定義します（**プログラム 5-5**）。

プログラム 5-5 (Player クラスの定義)

```
1  class Player(BasePlayer):
2      contribution = models.CurrencyField(
3          # プレイヤーの貢献額を入れるオブジェクト
4          choices = currency_range(cu(0), cu(C.ENDOWMENT), cu(1)),
5          # 0 から初期保有額（20 ポイント）までの 1 ポイント刻みの選択肢を表示する
6          label = 'あなたはいくら貢献しますか？',
7          # 貢献額の選択肢の前に設問文を表示する
8      )
```

今回は CurrencyField というフィールドを用いて，contribution という入力項目を定義します。このようなゲーム理論に基づく実験では，1 章で述べたとおり実験参加者がより多くのポイント（報酬）を獲得を目指すことが（経済学的に）合理的な行動になるようなデザインで行われることが多いです。その際の報酬の単位を示すために CurrencyField を用います。CurrencyField を用いることのメリットは，ポイントの表記を言語の設定に応じて変更するこ

---

[1]　基本的に，経済実験では実験参加者は（金銭による）インセンティブを求めていることを前提とする，というのは 1 章で述べたとおりです。oTree のプログラム内では報酬の単位として，cu(XX) という表現を使います。例えば，cu(510) は "510 通貨単位"を意味しています。

[2]　プログラム中に変更できない重要な定数であることを明確にし，コードの可読性と管理のしやすさを向上させることを目的として，C クラス内では変数が大文字で設定されるようになったと理解しています。

76   5. 公共財ゲーム実験を作ろう —— インタラクションのある実験の基礎 ——

とができる点などにあります。

（**3**） **Group クラスの定義**　Group クラスは，プレイヤー同士のインタ
ラクションがあるときに用います。今回はプレイヤー同士のインタラクションが
ありますので，Group クラスにフィールドを定義する必要があります。今回は，
プログラム **5-6** に示すように全プレイヤーの貢献額の合計を入れるオブジェク
トと，プレイヤー全員に分配される金額を入れるフィールドを用意しましょう。

プログラム 5-6　(Group クラスの定義)

```
1  class Group(BaseGroup):
2      total_contribution = models.CurrencyField()
3      # 各グループの貢献額の合計を入れるオブジェクト
4      individual_share = models.CurrencyField()
5      # 各プレイヤーの個別の分配額を入れるオブジェクト
```

（**4**）　**Subsession クラスの定義**　Subsession クラスについては，プログ
ラム **5-7** のとおり特別に定義をすることはありません。

プログラム 5-7　(Subsession クラスの定義)

```
1  class Subsession(BaseSubsession):
2      pass
```

（**5**）　**FUNCTIONS の定義**　FUNCTIONS は変数同士の計算を実行
する際に用います。公共財ゲームではこの変数同士の計算が重要です。プログ
ラム **5-8** のように，Player クラスの下に改行を複数入れたあとに書いてあげる
と良いでしょう。

プログラム 5-8　(FUNCTIONS の定義)

```
1  def compute(group: Group):
2      players = group.get_players()
3      # group クラスに所属するプレイヤーの情報を取得
4      contributions = [p.contribution for p in players]
5      # プレイヤーの貢献額をリストにまとめる
6      group.total_contribution = sum(contrbutions)
7      # グループの総貢献額を計算
8      group.individual_share = (
9          group.total_contribution * C.MULTIPLIER / C.PLAYERS_PER_GROUP
10     )
11     # 各プレイヤーへの分配額を計算
12     for p in players:
```

13	# 各プレイヤーの獲得額を計算
14	p.payoff = C.ENDOWMENT - p.contribution + group.individual_share
15	# 各プレイヤーの payoff は初期保有額から貢献額を引いて
16	# 各プレイヤーへの分配額を加えたものである

2行目では，プレイヤーのリストを取り出しています．リスト表記として，[プレイヤー 1, プレイヤー 2, プレイヤー 3] の順番でプレイヤー 3 人のデータを示しています．続いて，4 行目では，players というリストについて，contribution という変数を取り出して contributions というリストにするという意味です．具体的には [プレイヤー 1 の貢献額，プレイヤー 2 の貢献額，プレイヤー 3 の貢献額] というリストを作成しています．

6 行目は contributions というリストにある数値の合計を group.total_contribution という変数に代入しています．簡単に言うと，プレイヤー 1 の貢献額＋プレイヤー 2 の貢献額＋プレイヤー 3 の貢献額を算出しています．

8～10 行目にかけて，各プレイヤーに公平に分配される金額を計算しています．この計算では，先ほど算出した各プレイヤーの貢献額の合計を，定数である C クラスの MULTIPLIER を掛けて，定数であるプレイヤーの人数（PLAYERS_PER_GROUP）で割るという計算を行っています．これにより，各プレイヤーに公平に分配される金額を計算することができます．

最後に，12 行目では，それぞれのプレイヤー全員について，以降に記述した計算を行うように指示しています．14 行目は，各プレイヤーの利得（payoff）を計算するための式です．それぞれのプレイヤーについて，「(初期保有額) − (そのプレイヤーの貢献額) + (全プレイヤーに公平に分配される金額)」を計算することで，各プレイヤーごとの利得を算出します．

5.3.2 html ファイルの定義

html では，具体的な項目を表示するページの内容を表示します．今回は全部で 3 ページ構成ですので，publicgoods_trial フォルダの中に 1 ページ目である Page1.html および 3 ページ目である Page3.html という html ファイルを作

78   5. 公共財ゲーム実験を作ろう── インタラクションのある実験の基礎──

成します。こちらは，すでに存在している `MyPage.html` および `Results.html`
の名前を書き換えるだけで構いません。今後もアプリを作る際には，同様の作
業を行います。2ページ目についてはお待ちください。

（1）Page1　　さて，Page1 の html ファイルを用意しましょう。

プログラム 5-9 (Page1 の定義)

```
 1  {{ block title }}
 2      説明＆貢献額の決定
 3  {{ endblock }}
 4
 5  {{ block content }}
 6  <p>
 7      これは{{ C.PLAYERS_PER_GROUP }} 人プレイヤーによる公共財ゲームです.
 8      <br>
 9      初期保有額は{{ C.ENDOWMENT }}であり，係数は{{ C.MULTIPLIER }}です.
10      <br>
11      {{ C.PLAYERS_PER_GROUP }} 人の貢献額の合計を{{ C.MULTIPLIER }}倍した
12      ポイントを
13      {{ C.PLAYERS_PER_GROUP }}で割ったものが一人ひとりに返されます. <br>
14  </p>
15      {{ formfields }}
16      {{ next_button }}
17  {{ endblock }}
```

　プログラム 5-9 で最初に着目すべき点は，`{{ C.PLAYERS_PER_GROUP }}` や
`{{ C.ENDOWMENT }}` という表記です。`{{ }}` で挟むことにより，各クラス内で
定義した定数や変数を表示することができます。ここでは，`{{ C.PLAYERS_PER_`
`GROUP }}` でCクラスで定義されている `PLAYERS_PER_GROUP`，すなわち一つ
のゲームに参加するプレイヤー数を，`ENDOWMENT` は初期保有額を，`MULTIPLIER`
は係数を呼び出すことができます†。

　（2）Page2　　Page2 については，html ファイルの定義はありません。
5.3.4 項にて紹介します。

　（3）Page3　　続いて，Page3 を準備します（**プログラム 5-10**）。Page3
では公共財ゲームの結果を表示します。`{{ player.contribution }}` では各

---

†　`<br>` は改行を示す html タグです。

プレイヤーの貢献額を表示します。playerクラスの項目は，各プレイヤーによって表示される内容が異なります。{{ group.total_contribution }}では，グループにおける貢献額の合計を表示します。Groupクラスの項目は，同じグループのメンバー（今回で言えば3人）に同じ内容が表示されます[†]。

プログラム 5-10 (Page3 の定義)

```
 1  {{ block title }}
 2      結果の確認
 3  {{ endblock }}
 4
 5  {{ block content }}
 6  <p>
 7      あなたは初期保有額として<B> {{ C.ENDOWMENT }}</B>を持っていました. <br>
 8      その中から<B>{{ player.contribution }}</B>を貢献しました. <br>
 9      あなたのグループでは全員で<B>{{ group.total_contribution }}</B>を貢献
10      していました. <br>
11      この<B>{{ group.total_contribution }}</B>を{{ C.MULTIPLIER }}倍した
12      ものを{{ C.PLAYERS_PER_GROUP }}で割ったポイントが各自に返されます.
13      <br>
14      その結果, 一人あたり<B>{{ group.individual_share }}</B>が渡されまし
15      た. <br>
16  </p>
17  <p>
18      <B>{{ C.ENDOWMENT }}-{{ player.contribution }}+{{ group.individual_
19      share }}={{ player.payoff }}</B>
20  </p>
21  <p>
22      したがって, あなたの獲得ポイントは<B>{{ player.payoff }}</B>です.
23  </p>
24      {{ next_button }}
25  {{ endblock }}
```

以上でhtmlファイルの設定は終了です。

5.3.3　PAGESの定義

続いて，PAGESの定義をします。__init__.pyを開きましょう。PAGESでは「ページの表示の順番」や「入力項目」，「関数の計算の順番」などを定義

[†] なお，<B>文章</B>は強調のためのhtmlタグです。このようにさまざまなhtmlタグを利用することができます。

80　　5.　公共財ゲーム実験を作ろう —— インタラクションのある実験の基礎 ——

します。今回重要なのは，公共財ゲームにおける利益の計算の順番です。言う
までもないですが，プレイヤー全員の貢献額が決定されなければ，公共財ゲー
ムの結果を算出することができません。

入力と計算の順番には留意しましょう。今回は以下の順番で実行します。

- 公共財ゲームにおける貢献額を入力する。
- 公共財ゲームの利得を利得関数に合わせて算出する。

(1)　**Page1**　　Page1 では貢献額の入力があります。はじめに，入力項目
を準備しましょう。form_model でデータの入力があるクラスを指定します。今
回は，Player クラスへのデータの入力があります。また，form_fields では入力
がある項目を設定します。今回は Player クラスの中で定義した contribution
について入力がありますので，**プログラム 5-11** のように記述します。

プログラム 5-11　(Page1 の定義)

```
1   class Page1(Page):
2       form_model = 'player'
3       form_fields = ['contribution']
4       # プレイヤーが貢献額を入力する
```

(2)　**Page2**　　プログラム **5-12** に示したとおり，Page2 はクラスの定義
に Page ではなく WaitPage を利用しています。WaitPage は，ほかのプレイ
ヤーが意思決定の結果を入力を待つためのページです。WaitPage は元々 oTree
内で用意されており，自分で用意する必要はありません。

Page2 では after_all_players_arrive = compute という設定が行われ
ています。after_all_players_arrive はプレイヤー全員がこのページに到
着したあとに指定された処理を実行する関数です。プレイヤー全員が貢献額を入
力したあとに関数として定義した compute が実行されるようになっています。

プログラム 5-12　(Page2 の定義)

```
1   class Page2(WaitPage):
2       after_all_players_arrive = compute
3       # 全プレイヤー Page1 で貢献額を入力したあとに compute 関数を実行する
```

(3)　**Page3**　　最後に，Page3 を設定します。**プログラム 5-13** には Page3
のコードを示しています。このページでは入力する項目がないので，pass とし

ます。

プログラム 5-13 (Page3 の定義)

```
1  class Page3(Page):
2      pass
```

（4） 表示する順番を定義する　一番最後に画面を表示する順番を定義します。プログラム 5-14 では，ページの表示の順番を定義しており，Page1 から Page3 までを順番に表示します。

プログラム 5-14 (各ページを表示する順番の定義)

```
page_sequence = [Page1, Page2, Page3]
```

以上でアプリ内の設定は終了です。

5.3.4　SESSION_CONFIGS の定義

最後に，oTree で実験を実装するためには，settings.py の中の SESSION_CONFIGS でアプリを構成する必要があります。ここでは，**プログラム 5-15** のように 3 章で作成したアンケートがあることを前提として，11 行目最後のカンマと 12〜17 行目を追記して SESSION_CONFIGS を準備します。num_demo_participants はデモゲームを実施する際の人数です。公共財ゲームにおける最小人数として 3 を設定します。なお，num_demo_participants は PLAYERS_PER_GROUP の倍数である必要があります。今回の公共財ゲームは 3 人プレイヤーゲームとしているので，3 の倍数でなければいけません。

プログラム 5-15 (SESSION_CONFIGS の定義)

```
1  SESSION_CONFIGS = [
2      dict(
3          name = 'questionaire',
4          # この構成の名前を設定します
5          display_name = "はじめてのアンケート",
6          # oTree のデモ画面で表示される名前を設定します
7          num_demo_participants = 1,
8          # デモ画面に参加する人数を設定しておく必要があります
9          app_sequence = ['questionnaire']
10         # この構成で使用するアプリケーションを設定します
11     ),
12     dict(
```

```
13          name = 'PG3',
14          display_name = "はじめての公共財ゲーム",
15          num_demo_participants = 3,
16          app_sequence = ['publicgoods_trial']
17      )
18  ]
```

5.3.5 動作の確認

さて，自身の端末をサーバとして起動して動作を検証しましょう。先ほど用意したターミナル上で**プログラム 5-16** を実行します。

プログラム 5-16 (サーバとして起動)

```
otree devserver
```

これで自身の端末で実験を実施することができます。http://localhost:8000/にアクセスしてください。デモ画面に表示された「はじめての公共財ゲーム」をクリックして，動作を検証しましょう。

5.4　ゲーム実験のマッチング

ゲーム実験を行う際には，プレイヤー同士を組み合わせる必要があります。その組合せを行うことをマッチングと言うのですが，複数回繰り返すゲーム実験を行う際（NUM_ROUNDS を 2 以上にしたとき）には非常に重要な要素となります。例えば，公共財ゲームで前の期に協力してくれた方と再びプレイをするならば協力しようと思えるでしょうし，これから毎期同じ方とプレイすることがわかっているのであれば，向社会的に振る舞う，すなわち協力しようとするかもしれません。一方で，毎期違う方とプレイすることがわかっているのであれば，利己的に振る舞う，すなわち協力せずにフリーライドしようとするかもしれません。マッチングはゲームでの行動を決定するために非常に大きな要因となる可能性があります。マッチングは以下のパターンに分けられます。

- パートナーマッチング：毎期同じ相手とゲームをプレイします。
- ストレンジャーマッチング：毎期違う相手とゲームをプレイします。

5.4 ゲーム実験のマッチング   83

- パーフェクトストレンジャーマッチング：毎期違う相手とゲームをプレ
  イします。ただし，ストレンジャーマッチングでは同じ相手とマッチ
  ングする可能性もありますが，パーフェクトストレンジャーマッチン
  グでは絶対に同じ相手とマッチングすることはありません。

それぞれをどのように実現できるのか簡単に紹介しましょう。

5.4.1 パートナーマッチング

じつは，パートナーマッチングは特別な設定をせずに実行することができま
す。しかし，場合によっては，Rooms 機能を使って実験参加者に label を割り
振った上で最初の 1 回をランダムに割り当てて実験を実施するようなこともあ
るかもしれません。その際には，**プログラム 5-17** を追加しましょう。このコー
ドは FUNCTIONS に書いておくと良いでしょう。今回の場合は def compute
関数のあとに複数の改行を入れてから記述してください。

プログラム 5-17　(初回のみランダムマッチングで以降は同じグループ)

```
1  def creating_session(subsession: Subsession):
2      if subsession.round_number == 1:
3      # もし第 1 期なら
4          subsession.group_randomly()
5          # ランダムにグループに割り当てる
6      else:
7          subsession.group_like_round(1)
8          # 1 期目と同じグループに割り当てる
```

今回は，if 文を使って，第 1 期目である場合と，それ以外の場合で動きが異
なるようになっています。第 1 期目ではグループがランダムに割り当てられま
すが，第 2 期目以降は第 1 期目と同じグループになるように設定されています。
creating_session は，セッションを開始する前にセッション全体にわたって
適用される設定や変数の初期化を行うために用いられます。ここでは，実験の
ラウンドごとに異なるグループ分けを行うマッチングの設定を行っていますが，
ほかにも実験に必要な変数を設定したり，条件分岐による特定の設定の適用な
どセッション開始前に必要な準備をここで設定できます。

84　　5. 公共財ゲーム実験を作ろう── インタラクションのある実験の基礎 ──

`subsession.group_randomly()` では，`subsession` 内の `Player` インスタンスの `id_in_group` 属性をランダムに割り当てており，`subsession.group_like_round(1)` では，1 期目に割り振られたグループと同じグループになるように設定をしています。

5.4.2　ストレンジャーマッチング

ストレンジャーマッチングを実施する際には，先ほどプログラム 5-17 で初回だけ設定したランダムマッチングを毎期繰り返すことになります。したがって，if 文と else 以降を外して，インデントを調整すると実行可能です。**プログラム 5-18** を実行してください[†]。

プログラム 5-18 (毎期ランダムマッチング)

```
1  def creating_session(subsession: Subsession):
2      subsession.group_randomly()
3      # ランダムにグループに割り当てる
```

5.4.3　パーフェクトストレンジャーマッチング

oTree ではパージェクトストレンジャーマッチングは実装されていません。"otree perfect stranger" などで検索してもらうと，海外の研究者が実装したものが公開されていますので，そちらを参考にしてください。もしくは，プログラムの段階でどのようにマッチングするか準備をしておく方法もあります。マッチングのランダム性は失われてしまいますが，異なるプレイヤー同士を確実にマッチすることができますので，そのような対応も考えてみると良いでしょう。

最後に，章末問題を用意しました。実際に試してみましょう。

[†]　なお，グループ間でプレイヤーをランダムにマッチングしつつ，プレイヤーの役割（`id_in_group` を固定したい（例えば，6 章で紹介する独裁者ゲームでプレイヤー 1 の方をずっとプレイヤー 1 に割り当てたい）場合には `group_randomly(fixed_id_in_group=True)` とすることで，実現できます。)

すべてのプログラム　　85

章 末 問 題

【 1 】　Page1.html で記述したインストラクションは最低限のルールを示したもので
　　　　あり，十分にわかりやすいものとは言えません。各自でわかりやすいインスト
　　　　ラクションを作成してみましょう。
【 2 】　結果のページをもっとわかりやすいように作り変えてみましょう。
【 3 】　10 期繰り返しゲームにしてみましょう。
【 4 】　係数を 2 に変えてみましょう。また，係数が 0 のときと 10 のときでどのよう
　　　　に行動に変化が生じ得るのか実際に動かして試してみましょう。
【 5 】　初期保有額を 100 ポイントに変更してみましょう。
【 6 】　支払い単位を 10 ポイント単位に変更してみましょう。
【 7 】　ストレンジャーマッチングのプログラムに変えてみましょう。

すべてのプログラム

　プログラム 5-19 からプログラム 5-21 では，本章で扱ったプログラムをすべ
て示しますので，改めて確認してください。

プログラム 5-19 (__init__.py，プログラム 5-4 から 5-8 およびプログラム 5-11 から 5-14)

```
1   from otree.api import *
2
3
4   doc = """
5   公共財ゲーム実験
6   """
7
8
9   class C(BaseConstants):
10      NAME_IN_URL = 'publicgoods_trial'
11      PLAYERS_PER_GROUP = 3
12      # 3 人プレイヤー
13      NUM_ROUNDS = 5
14      # 1 期のみ
15      ENDOWMENT = cu(20)
16      # 初期保有額は 20 ポイント
17      MULTIPLIER = 1.6
18      # 全員の貢献額の合計を 1.6 倍にします
```

```python
19
20  class Subsession(BaseSubsession):
21      pass
22
23  class Group(BaseGroup):
24      total_contribution = models.CurrencyField()
25      # グループの貢献額を入れるオブジェクト
26      individual_share = models.CurrencyField()
27      # 各プレイヤーの個別の分配額を入れるオブジェクト
28
29  class Player(BasePlayer):
30      contribution = models.CurrencyField(
31          # プレイヤーの貢献額を入れるオブジェクト
32          choices = currency_range(cu(0), C.ENDOWMENT, cu(1)),
33          # 0から初期保有額（20ポイント）までの1ポイント刻みの選択肢を表示する
34          label = 'あなたはいくら貢献しますか？'
35          # 貢献額の選択肢の前に設問文を表示する
36      )
37
38
39  def compute(group: Group):
40      players = group.get_players()
41      # group クラスに所属するプレイヤーの情報を取得
42      contributions = [p.contribution for p in players]
43      # プレイヤーの貢献額をリストにまとめる
44      group.total_contribution = sum(contrbutions)
45      # グループの総貢献額を計算
46      group.individual_share = (
47          group.total_contribution * C.MULTIPLIER / C.PLAYERS_PER_GROUP
48      )
49      # 各プレイヤーへの分配額を計算
50      for p in players:
51      # 各プレイヤーの獲得額を計算
52          p.payoff = C.ENDOWMENT - p.contribution +
53                     group.individual_share
54          # 各プレイヤーの payoff は初期保有額から貢献額を引いて
55          # 各プレイヤーへの分配額を加えたものである
56
57
58  # PAGES
59  class Page1(Page):
60      form_model = 'player'
61      form_fields = ['contribution']
```

すべてのプログラム　　87

```
62      # プレイヤーが貢献額を入力する
63
64  class Page2(WaitPage):
65      after_all_players_arrive = compute
66      # 全プレイヤーが Page1 で貢献額を入力したあとに compute 関数を実行する
67
68  class Page3(Page):
69      pass
70
71
72  page_sequence = [Page1, Page2, Page3]
```

プログラム 5-20 (Page1.html, プログラム 5-9)

```
1  {{ block title }}
2      説明&貢献額の決定
3  {{ endblock }}
4
5  {{ block content }}
6  <p>
7      これは{{ C.PLAYERS_PER_GROUP }}人のプレイヤーによる公共財ゲームです.
8      <br>
9      初期保有額は{{ C.ENDOWMENT }}であり, 係数は{{ C.MULTIPLIER }}です.
10     <br>
11     {{ C.PLAYERS_PER_GROUP }}人の貢献額の合計を{{ C.MULTIPLIER }}倍した
12     ポイントを
13     {{ C.PLAYERS_PER_GROUP }}で割ったものが各プレイヤーに返されます.  <br>
14  </p>
15      {{ formfields }}
16      {{ next_button }}
17  {{ endblock }}
```

プログラム 5-21 (Page3.html, プログラム 5-10)

```
1  {{ block title }}
2      結果の確認
3  {{ endblock }}
4
5  {{ block content }}
6  <p>
7      あなたは初期保有額として<B>{{ C.ENDOWMENT }}</B>を持っていました.  <br>
8      その中から<B>{{ player.contribution }}</B>を貢献しました.  <br>
9      あなたのグループでは全員で<B>{{ group.total_contribution }}</B>を貢献
10     していました.  <br>
```

```
11      この<B>{{ group.total_contribution }}</B>を{{ C.MULTIPLIER }}倍した
12      ものを{{ C.PLAYERS_PER_GROUP }}で割ったポイントが各自に返されます. <br>
13      その結果, 一人あたり<B>{{ group.individual_share }}</B>が渡されました.
14  </p>
15  <p>
16      <B>{{ C.ENDOWMENT }}-{{ player.contribution }}+{{ group.individual_
17      share }}={{ player.payoff }}</B>
18  </p>
19  <p>
20      したがって, あなたの獲得ポイントは<B>{{ player.payoff }}</B> です.
21  </p>
22      {{ next_button }}
23  {{ endblock }}
```

6

独裁者ゲームを作ろう
── 条件別画面表示とチャット ──

　続いて，本章では**独裁者ゲーム**（dictator game）[†]という実験のプログラムを作成しましょう。独裁者ゲームは，他者にどの程度「利他性」を示すのか検討するゲーム理論の枠組みです。利他性とは，ほかの人に対する優しさを示すものであり，ほかの人の利益をどの程度考慮するのかといったことを検討できます。

　この実験は，1人のプレイヤーが意思決定を下したとおりに分配が実現されるというものです。したがって，2人プレイヤーではありますが，実際にポイントの分配に関わる意思決定は1人だけが行います。

　本章では，プレイヤーの役割によって表示される画面が異なる場合のプログラムについても学び，プレイヤー同士がコミュニケーションをとることができるようにするチャットを導入するときの方法についても紹介します。

6.1　独裁者ゲームとは

　独裁者ゲームとは，他者に対する「利他性」を評価するゲームの1種です。この実験は2人1組で実施され，以下のようなストーリーで行われます。

> ここには2人のプレイヤーがいます。お互いに顔を見たことがなく，また今後も相手がだれか判明することはありません。プレイヤー1であるあなたは1,000円を受け取りました。あなたはこの1,000円をプレイヤー2と分けることができます。なお，プレイヤー1の決定が，そのまま実現することとなります。

[†]　独裁者ゲームおよび7章で紹介する最終提案ゲームの詳細については小林[41]が参考になります。

この実験では，もしプレイヤー 1 が合理的経済人であれば，プレイヤー 1 はすべてを自分のものにすると考えられます。しかしながら，多くの研究によって，必ずしも全額を自分のものにすることは少なく，プレイヤー 2 にいくらか分配することが指摘されています。

プレイヤー 1 が合理的経済人の行動のようにすべてのポイントを自身の利益にできるにもかかわらず，相手に分配するとポイントの多寡により，どの程度他者に優しくするのか，すなわち利他性を評価することができます。

この独裁者ゲームは，プレイヤー同士のインタラクションとしては非常に簡単ではありますが，社会科学実験としては非常に重要な実験でもあります。それでは，実際に独裁者ゲームのプログラムを作ってみましょう。

6.2　これから作成する実験プログラムの概要

今回実施する独裁者ゲームでは，独裁者であるプレイヤー 1 の初期保有額を 10 ポイントとします。その 0〜10 ポイントの中から好きな金額を提案できるものとします。被独裁者であるプレイヤー 2 はその結果を受け入れるのみです[†]。この状況を簡単に図 6.1 に示します。

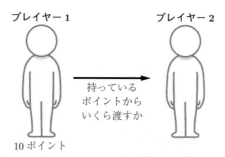

図 6.1　独裁者ゲームの概要図

[†] 一般的に，独裁者ゲームにおいて，独裁者となるプレイヤー 1 の利得関数は $\pi_1 = E_1 - C_1$，プレイヤー 2 の利得関数は $\pi_2 = C_1$ として表すことができます。ただし，ここでは E_1 でプレイヤー 1 の初期保有額を，C_1 でプレイヤー 1 の支払額を示すものとします。したがって，今回は $\pi_1 = 10 - C_1$，プレイヤー 2 の利得関数は $\pi_2 = C_1$ として表されます。

また，プログラム内容は下記のとおりです。

独裁者ゲームのプログラム内容

内　容：2人プレイヤーによる独裁者ゲーム

実験参加者が入力する項目：
- プレイヤー1の入力
  - 相手に分配する提案額

計算する項目：
- プレイヤー1の利得：初期保有額 − 提案額
- プレイヤー2の利得：提案額

ページ数：全4ページ
- Page1：インストラクションのページ
- Page2：プレイヤー1が分配額を入力するページ
- Page3：プレイヤー2が分配額の入力を待つページ
- Page4：結果を表示するページ

注意すべきこと：
- プレイヤー1だけに表示されるページを設定する必要がある。

実験画面のフローについて**図 6.2**に示します。左にはプレイヤー1の画面推移を，右にはプレイヤー2の画面推移を示しています。プレイヤー1はルール説明を確認したあとに，分配額を決定します。プログラム上ではPage3に入ったのちに，結果が表示されることになります。一方，プレイヤー2はルール説明が終わったあとに，Page2は入らずにPage3でプレイヤー1の意思決定を待つことになります。プレイヤー1の意思決定が終了し，Page3に入ってすぐに利得が計算されて結果が表示されます。

今回，特に注意すべきことは，プレイヤー1が分配額を決定するページの扱いです。分配額の決定はプレイヤー1だけが行うことになります。したがって，Page2はプレイヤー1のみに表示し，プレイヤー2には表示されないようにする必要があります。

ページはPage1からPage4までの四つのページを作成する必要があります。それぞれ，**図 6.3**から**図 6.6**までの画面を作成していきましょう。

プレイヤー 1
プレイヤー 2
Page1：ルール説明
Page2：
分配額決定
プレイヤー 1 選択終了
&
結果の計算
Page3：
待ち画面
Page4：結果の表示

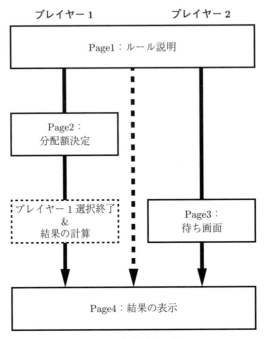

図 6.2　実験画面の流れ

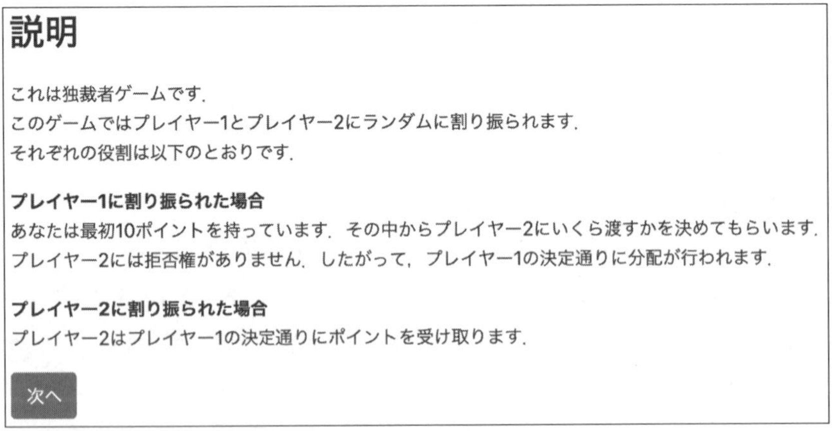

説明
これは独裁者ゲームです.
このゲームではプレイヤー1とプレイヤー2にランダムに割り振られます.
それぞれの役割は以下のとおりです.
プレイヤー1に割り振られた場合
あなたは最初10ポイントを持っています．その中からプレイヤー2にいくら渡すかを決めてもらいます.
プレイヤー2には拒否権がありません．したがって，プレイヤー1の決定通りに分配が行われます.
プレイヤー2に割り振られた場合
プレイヤー2はプレイヤー1の決定通りにポイントを受け取ります.
次へ

図 6.3　Page1：インストラクション画面

分配額の決定
あなたは**プレイヤー1**に割り振られました
あなたはいくら相手に渡しますか？

次へ

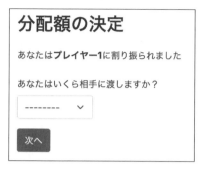

図 **6.4**　Page2：プレイヤー 1 による分配額の入力画面

しばらくお待ちください
他の参加者をお待ちください

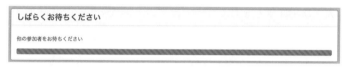

図 **6.5**　Page3：プレイヤー 2 の待ち画面

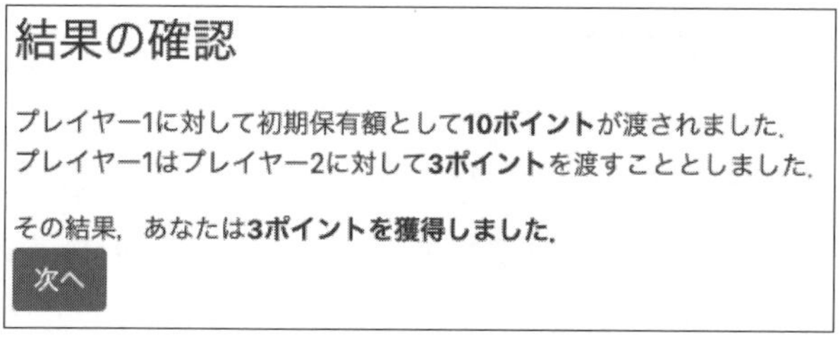

結果の確認
プレイヤー1に対して初期保有額として**10ポイント**が渡されました.
プレイヤー1はプレイヤー2に対して**3ポイント**を渡すこととしました.
その結果，あなたは**3ポイントを獲得しました.**
次へ

図 **6.6**　Page4：結果の確認画面

（1）　oTree のアップデート　　アップデートはインストールと同じコマンドです。しばらく oTree に触れていない場合は**プログラム 6-1** を実行しておくことをおすすめします。

プログラム 6-1 (oTree のアップデート)

```
pip install -U otree
```

（2）　アプリを作成する　　最初に，フォルダの中へ移動しましょう。**プログラム 6-2** を実行してください。

プログラム 6-2 (otreetest フォルダへの移動)

```
cd ~/Desktop/otreetest
```

続いて，ベースとなるアプリを作成します（**プログラム 6-3**）。

94 6. 独裁者ゲームを作ろう —— 条件別画面表示とチャット ——

プログラム 6-3 (dictator_trial という名前のアプリを作成)

```
otree startapp dictator_trial
```

ターミナル上でプログラム 6-3 を実行すると，最低限必要なプログラムのみのアプリが作られます。なお，このあともターミナルを使いますので，閉じないでください。

6.3 アプリ作成の手順

さて，アプリを作成しましょう。先ほどのアンケートや公共財ゲームと同様に，MODELS，FUNCTIONS，html ファイル，そして PAGES の順番で説明をしていきます。そして最後に，プロジェクトにアプリを登録します。

6.3.1 MODELS の定義

__init__.py 内の MODELS では動作を定義します。

（ 1 ） C クラスの定義　　まずプログラム 6-4 を参考に，C クラスから設定します。はじめに，dictator_trial フォルダ内の __init__.py を開きましょう。

プログラム 6-4 (C クラスの定義)

```
1   class C(BaseConstants):
2       NAME_IN_URL = 'dictator_trial'
3       PLAYERS_PER_GROUP = 2
4       # 2人プレイヤー
5       NUM_ROUNDS = 1
6       # 1期のみ
7       ENDOWMENT = cu(10)
8       # プレイヤー 1 の初期保有額は 10 ポイント
```

プログラム 6-4 では定数などの基本的な設定を行います。PLAYERS_PER_GROUP では同時に対戦するプレイヤーの人数を設定します。今回は 2 人プレイヤーで実施しますので，2 にしています。ENDOWMENT はプレイヤーに最初に割り当てられる初期保有額を示しています。今回は，初期保有額を 10 ポイントにしましょう。

6.3 アプリ作成の手順 95

（**2**） **Player クラスの定義**　　続いて，Player クラスの中で，各プレイヤー
に関する変数を設定します。今回は，すべてを Group クラスで設定します。そ
のために，Player クラスにフィールドの定義はありません（**プログラム 6-5**）。

プログラム 6-5（Player クラスの定義）

```
1   class Player(BasePlayer):
2       pass
```

（**3**） **Group クラスの定義**　　Group クラスは，プレイヤー同士のインタラ
クションがあるときに用います。今回はプレイヤー同士のインタラクションがあ
りますので，Group クラスにオブジェクトを定義する必要があります。今回は，
プレイヤー 1 からプレイヤー 2 への分配額を定義します（**プログラム 6-6**）。ま
た，それぞれの利得については各プレイヤーの payoff に入れることとします。

プログラム 6-6（Group クラスの定義）

```
1   class Group(BaseGroup):
2       proposal = models.CurrencyField(
3           choices = currency_range(cu(0), C.ENDOWMENT, cu(1)),
4           label = 'プレイヤー 2 にいくら渡しますか？',
5       )
6       # プレイヤー 1 は分配額を決定する
```

proposal には，分配額を入力できるようにします。ここでは，独裁者ゲームと
同様に cu(0)（0 ポイント）から cu(C.ENDOWMENT)（C クラスの ENDOWMENT
で定義された額，今回は 10 ポイント）までの範囲で，cu(1)（1 ポイント）刻
みで選択形式で入力できるように設定します†。

（**4**） **Subsession クラスの定義**　　Subsession クラスについては，**プログ
ラム 6-7** のとおり特別に定義をすることはありません。

プログラム 6-7（Subsession クラスの定義）

```
1   class Subsession(BaseSubsession):
2       pass
```

（**5**） **FUNCTIONS の定義**　　FUNCTIONS は変数同士の計算を実行
する際に用います。独裁者ゲームで用いる計算は単純な引き算だけでした。こ

---

†　choices の設定をすることで，プルダウン形式の入力が可能になります。最小値と最
　大値を min=0, max=C.ENDOWMENT, という形式で定義することもできますが，この場
　合はプルダウン形式ではなく，直接数字を入力する形式になります。

96   6. 独裁者ゲームを作ろう —— 条件別画面表示とチャット ——

れは，プログラム 6-8 のように記述することができます。Player クラスの下に
改行を複数入れたあとに書いてあげると良いでしょう。

p1 = group.get_player_by_id(1) と p1 = group.get_player_by_
id(2) はグループの中で，2 人のプレイヤーを特定して，それぞれに番号を
つけて呼び出すためのものです。p1 がプレイヤー 1 を，p2 がプレイヤー 2 を
意味しています。この方法により，関数内でプレイヤー 1 とプレイヤー 2 それ
ぞれに対して異なる処理を実行することができます。今回はプレイヤー 1 とプ
レイヤー 2 それぞれの利得を算出しています。

プログラム 6-8 (FUNCTIONS の定義)

```
1  def compute(group: Group):
2      p1 = group.get_player_by_id(1)
3      # プレイヤー 1 の情報を取得
4      p2 = group.get_player_by_id(2)
5      # プレイヤー 2 の情報を取得
6      p1.payoff = C.ENDOWMENT - group.proposal
7      # プレイヤー 1 の利得は初期保有額からプレイヤー 2 への分配額を引いたもの
8      p2.payoff = group.proposal
9      # プレイヤー 2 の利得はプレイヤー 2 への分配額
```

6.3.2 html ファイルの定義

続いて，html ファイルを準備しましょう。具体的な項目を表示するページの
内容を表示します。今回は全部で 4 ページ構成です。dictator_trial フォル
ダの中に 1 ページ目である Page1.html，2 ページ目である Page2.html およ
び 4 ページ目である Page4.html という html ファイルを作成します。

（1） Page1　さて，Page1 の html ファイルを用意しましょう。プログ
ラム 6-9 を参考に，Page1.html を定義します。

プログラム 6-9 (Page1 の定義)

```
1  {{ block title }}
2      説明
3  {{ endblock }}
4
5  {{ block content }}
6  <p>
```

6.3 アプリ作成の手順　　97

```
7    これは独裁者ゲームです. <br>
8    このゲームではプレイヤー1とプレイヤー2に割り振られます. <br>
9    それぞれの役割は以下のとおりです.
10  </p>
11
12  <div>
13    <B>プレイヤー1に割り振られた場合</B>
14    <p>
15    あなたは最初{{ C.ENDOWMENT }}を持っています. <br>
16    その中からプレイヤー2にいくら渡すかを決めてもらいます. <br>
17    プレイヤー2には拒否権がありません. したがって, プレイヤー1の決定通りに
18    分配が行われます.
19    </p>
20
21    <B>プレイヤー2に割り振られた場合</B>
22    <p>
23        プレイヤー2はプレイヤー1の決定通りにポイントを受け取ります.
24    </p>
25  </div>
26    {{ next_button }}
27  {{ endblock }}
```

　今回は, プログラム6-9では入力画面がありません. これは, Page1は, 実験のインストラクションなので, この時点ではプレイヤー1に割り振られるか, プレイヤー2になるかはまだ明かされていないためです.

　(2) Page2　　続いて, Page2を定義します (**プログラム6-10**). Page2はプレイヤー1による分配額を決定します. {{ formfields }}で, 提案額を入力することになります†. このページはプレイヤー1にのみ表示されて, プレイヤー2には表示されません. 表示の設定についてはPAGESで行います.

---

† {{ formfields }}では, 入力項目をまとめて表示することができます. また, {{ formfield 'proposal' }}や, {{ formfield group.proposal }}のような形式を使うことで, 特定の項目のみの入力欄を作成することができます. また, {{ formfield 'proposal' label="あなたはいくら相手にあげますか?" }}や{{ formfield group.proposal label="あなたはいくら相手にあげますか?" }}のように表記することで, 質問文をhtml上で定義することも可能です. ちなみに, どうやら__init__.pyで定義されたlabelよりも, htmlファイルで定義されたlabelが優先して表示されるようです.

98   6. 独裁者ゲームを作ろう── 条件別画面表示とチャット ──

プログラム 6-10 (Page2 の定義)

```
1  {{ block title }}
2     分配額の決定
3  {{ endblock }}
4
5  {{ block content }}
6  <p>
7     あなたは<B>プレイヤー 1</B>に割り振られました
8  </p>
9     {{ formfields }}
10    {{ next_button }}
11 {{ endblock }}
```

（3）**Page3**　Page3 については，html ファイルの定義はありません。6.3.3項（3）にて紹介します。

（4）**Page4**　続いて，Page4 を定義します（**プログラム 6-11**）。Page4 では結果を表示します。

プログラム 6-11 (Page4 の定義)

```
1  {{ block title }}
2     結果の確認
3  {{ endblock }}
4
5  {{ block content }}
6  <p>
7     プレイヤー 1 に対して初期保有額として<B>{{ C.ENDOWMENT }}</B>が渡されま
8     した. <br>
9     プレイヤー 1 はプレイヤー 2 に対して<B>{{ group.proposal }}</B>を渡すこ
10    ととしました. <br>
11 </p>
12
13 <p>
14    その結果，あなたは<B>{{ player.payoff }}</B>を獲得しました.
15 </p>
16    {{ next_button }}
17 {{ endblock }}
```

以上で html ファイルの設定は終了です。

6.3.3　PAGES の定義

続いて，PAGES の設定をします。__init__.py を開きましょう。PAGES

6.3 アプリ作成の手順　99

では「ページの表示の順番」や「入力項目」,「関数の計算の順番」などを設定
します。今回は独裁者ゲームの利得を計算します。気をつける必要があるのは，
プレイヤー 1 が分配額を決定したあとに，プレイヤー 2 の利得が決定するとい
う点です。また，分配額を決定する画面は，プレイヤー 1 だけに表示されるこ
とになります。すなわち，プレイヤー 1 とプレイヤー 2 で表示される画面が異
なるという点にも気をつける必要があります。

PAGES で設定する動作

- プレイヤー 1 の分配額を入力する
  - プレイヤー 1 にのみ画面を表示する
- プレイヤー 1 とプレイヤー 2 の利得を決定する

（1）**Page1**　プログラム **6-12** に示したとおり，Page1 では入力欄の表
示や，計算などの特別な動作はありません。

プログラム 6-12 (Page1 の定義)

```
1   class Page1(Page):
2       pass
```

（2）**Page2**　プログラム **6-13** に示したとおり，Page2 では応答者によ
る分配額の入力があります。

　今回は Group クラスの入力項目ですので，form_model は group として
います。また，下部には@staticmethod と，関数として def is_displayed
(player) 以下の記述があります。

　@staticmethod とは，関数デコレータの一つで，すぐ下で定義している関
数（今回の場合は def is_displayed(player) 以下）をスタティックメソッ
ドに変換するものです。今回の場合は，プレイヤーの id_in_group が 1，つま
りプレイヤー 1 の場合にのみ，そのページを表示することを指定しています。
この関数は，Player クラスの具体的なオブジェクトを必要としません。通常，
クラスの関数を呼び出すときにはそのクラスのオブジェクトを作らなければな
りません。@staticmethod を使うとオブジェクトを作らなくても関数を呼び

出せるようになります。簡単に言えば，PAGESで関数を実行するときの特別な「ルール」だと思ってください[†1]。

プログラム 6-13 (Page2 の定義)

```
1  class Page2(Page):
2      form_model = 'group'
3      form_fields = ['proposal']
4
5      @staticmethod
6      def is_displayed(player: Player):
7          return player.id_in_group == 1
8      # プレイヤー1にのみ分配額を入力する画面を表示する
```

（3）Page3　続いて，Page3を定義します。**プログラム6-14**にはPage3のコードを示しています。ここは WaitPage であり，入力する項目はありません。WaitPage ではグループ内の全プレイヤーが到着するまで待機し，全員が到着したら after_all_players_arrive で指定された関数（この場合は compute）を実行するように設定します[†2]。プレイヤー2だけがPage3に到着しても，プレイヤー1が到着するまでは何も起こらず，プレイヤー1が到着した時点でcompute が実行されます。こうすることで，グループ内の全員の入力が揃ってから計算を行う，といった同期的な処理が可能になります。

プログラム 6-14 (Page3 の定義)

```
1  class Page3(WaitPage):
2      after_all_players_arrive = compute
3      # プレイヤー1とプレイヤー2が
```

[†1] もう少し詳しく説明すると，スタティックメソッドはクラスに属していますが，そのクラスやオブジェクトのデータやほかの関数を使わない関数です。つまり，クラスの一部として定義されていますが，そのクラスの内部のデータや機能にはアクセスしません。例えば，ゲームのクラスを考えてみましょう。このゲームではプレイヤーが特定の条件を満たしているかどうかをチェックする関数が必要です。そのチェックにはプレイヤー個人の情報だけが必要であり，ゲームの状態やほかのプレイヤーの情報は必要ありません。このような場合にスタティックメソッドを使います。今回の例では is_displayed 関数は，Player クラスの中で定義されていますが，実際には Player クラスのほかの情報を使わずに，プレイヤーの id_in_group が1であるかどうかをチェックしているだけです。そのために，@staticmethod を使って「クラスの状態に依存しない特別な関数」として定義しています。

[†2] after_all_players_arrive はそのページにすべてのプレイヤーが到達したあとに実行される関数を指定するために使用されます。この関数はグループ内の全プレイヤーがその WaitPage に到達した時点で，指定された関数が一度だけ実行されます。

```
4        # ともに Page3 に到達したあとに compute 関数を実行する
```

（4） **Page4**　続いて，**プログラム6-15**では，Page4を定義します。こ
こでは，入力する項目もなく，結果が表示されるだけですので pass としてお
きます。

プログラム6-15 (Page4 の定義)

```
1   class Page4(Page):
2       pass
```

（5）**表示する順番を定義する**　一番最後に画面を表示する順番を定義し
ます。**プログラム6-16**では，ページの表示の順番を設定しています。今回の
アプリではプレイヤーによって表示されるページとされないページがあります
が，形式的にはすべてのプレイヤーが4ページすべてを進むように作成します。

プログラム6-16 (各ページの表示の順番の定義)

```
page_sequence = [Page1, Page2, Page3, Page4]
```

以上で，アプリ内のプログラムは終了です。

6.3.4　SESSION_CONFIGS の定義

最後に，oTree で実験を実装するには，settings.py の中の SESSION_
CONFIGS でアプリを構成する必要があります。ここでは，**プログラム6-17**のよう
に3章で作成したアンケートおよび5章で作成した公共財ゲームがあることを前
提として，17行目最後のカンマと18〜23行目を追記して SECTION_CONFIGS を
準備します。num_demo_participants は PLAYERS_PER_GROUP の倍数である
必要があります。今回は，独裁者ゲームにおける最小人数として2を設定します。

プログラム6-17 (SESSION_CONFIGS の定義)

```
1   SESSION_CONFIGS = [
2       dict(
3           name = 'questionaire',
4           # この構成の名前を設定します
5           display_name = "はじめてのアンケート",
6           # oTree のデモ画面で表示される名前を設定します
7           num_demo_participants = 1,
8           # デモ画面に参加する人数を設定しておく必要があります
9           app_sequence = ['questionnaire']
```

```
10            # この構成で使用するアプリケーションを設定します
11        ),
12        dict(
13            name = 'PG3',
14            display_name = "はじめての公共財ゲーム",
15            num_demo_participants = 3,
16            app_sequence = ['publicgoods_trial']
17        ),
18        dict(
19            name = 'DG',
20            display_name = "はじめての独裁者ゲーム",
21            num_demo_participants = 2,
22            app_sequence = ['dictator_trial']
23        )
24    ]
```

6.3.5 動 作 の 確 認

さて，自身の端末をサーバとして起動して動作を検証しましょう。先ほど用意したターミナル上で**プログラム 6-18** を実行します。

プログラム 6-18 (サーバとして起動)

```
otree devserver
```

これで自身の端末で実験を実施することができます。http://localhost:8000/ にアクセスしてみてください。デモ画面に表示された「はじめての独裁者ゲーム」をクリックして，動作を検証しましょう。

6.4 チャットを導入する

ゲーム実験を行う際に，oTree では，プレイヤー同士のチャットを導入することができます。チャットによるコミュニケーションを導入することで，個人の意思決定が影響を受ける可能性があります。チャットを導入する場合は，チャットを導入したい html ファイルに**プログラム 6-19** を追加してください。

プログラム 6-19 (チャットを導入)

```
{{ chat }}
```

すべてのプログラム　　　*103*

　これにより，同じグループのプレイヤー間でチャットが可能になります。その際，プレイヤー名として「プレイヤー1」「プレイヤー2」などと表示されますが，これは id_in_group に基づいて名付けられます。

　なお，現状では，実験参加者と実験実施者の間のチャットは，oTree 内部のプログラムでは実装されていません[†]。

　最後に，章末問題を用意しました。実際にコードをいろいろいじりながら，試してみましょう。

章 末 問 題

【1】　Page1.html で記述したインストラクションは最低限のルールを示したものであり，十分にわかりやすいものとは言えません。各自でわかりやすいインストラクションを作成してみましょう。

【2】　結果のページをもっとわかりやすいように作り変えてみましょう。

【3】　初期保有額を 1,000 ポイント，分配単位を 10 ポイントにしてみましょう。

【4】　Page1.html でプレイヤー同士がチャットによるコミュニケーションを行えるようにしてみましょう。

【5】　入力形式をラジオボタンにしてみましょう。

すべてのプログラム

　プログラム 6-20 から**プログラム 6-23** では，本章で扱ったプログラムをすべて示しますので，改めて確認してください。

プログラム 6-20 (__init__.py，プログラム 6-4 から 6-8 およびプログラム 6-12 から 6-16)

```
1  from otree.api import *
2
```

[†]　外部のプログラムである Papercups (https://github.com/papercups-io/papercups/tree/master) などを組み込むことで実験参加者と実験実施者の間のチャットを実装することができるようです。

```
3
4   doc = """
5   はじめての独裁者ゲーム
6   """
7
8
9   class C(BaseConstants):
10      NAME_IN_URL = 'dictator_trial'
11      PLAYERS_PER_GROUP = 2
12      # 2人プレイヤー
13      NUM_ROUNDS = 1
14      # 1期のみ
15      ENDOWMENT = cu(10)
16      # プレイヤー1の初期保有額は10ポイント
17
18  class Subsession(BaseSubsession):
19      pass
20
21  class Group(BaseGroup):
22      proposal = models.CurrencyField(
23          choices = currency_range(cu(0), C.ENDOWMENT, cu(1)),
24          label = 'プレイヤー2にいくら渡しますか?',
25      )
26      # プレイヤー1は分配額を決定する
27
28  class Player(BasePlayer):
29      pass
30
31
32  def compute(group: Group):
33      p1 = group.get_player_by_id(1)
34      # プレイヤー1の情報を取得
35      p2 = group.get_player_by_id(2)
36      # プレイヤー2の情報を取得
37      p1.payoff = C.ENDOWMENT - group.proposal
38      # プレイヤー1の利得は初期保有額からプレイヤー2への分配額を引いたもの
39      p2.payoff = group.proposal
40      # プレイヤー2の利得はプレイヤー2への分配額
41
42
43  # PAGES
```

すべてのプログラム　　105

```
44   class Page1(Page):
45       pass
46
47   class Page2(Page):
48       form_model = 'group'
49       form_fields = ['proposal']
50
51       @staticmethod
52       def is_displayed(player: Player):
53           return player.id_in_group == 1
54       # プレイヤー 1 にのみ分配額を入力する画面を表示する
55
56   class Page3(WaitPage):
57       after_all_players_arrive = compute
58       # プレイヤー 1 とプレイヤー 2 が
59       # ともに Page3 に到達したあとに compute 関数を実行する
60
61   class Page4(Page):
62       pass
63
64   page_sequence = [Page1, Page2, Page3, Page4]
```

プログラム 6-21 (Page1.html，プログラム 6-9)

```
1    {{ block title }}
2        説明
3    {{ endblock }}
4
5    {{ block content }}
6    <p>
7        これは独裁者ゲームです．<br>
8        このゲームではプレイヤー 1 とプレイヤー 2 に割り振られます．<br>
9        それぞれの役割は以下のとおりです．
10   </p>
11
12   <div>
13       <B>プレイヤー 1 に割り振られた場合</B>
14       <p>
15       あなたは最初{{ C.ENDOWMENT }}を持っています．<br>
16       その中からプレイヤー 2 にいくら渡すかを決めてもらいます．<br>
17       プレイヤー 2 には拒否権がありません．したがって，プレイヤー 1 の決定通りに
18       分配が行われます．
```

```
19        </p>
20
21        <B>プレイヤー2に割り振られた場合</B>
22        <p>
23            プレイヤー2はプレイヤー1の決定通りにポイントを受け取ります.
24        </p>
25    </div>
26        {{ next_button }}
27    {{ endblock }}
```

プログラム 6-22 (Page2.html, プログラム 6-10)

```
1    {{ block title }}
2        分配額の決定
3    {{ endblock }}
4
5    {{ block content }}
6    <p>
7        あなたは<B>プレイヤー1</B>に割り振られました
8    </p>
9        {{ formfields }}
10        {{ next_button }}
11    {{ endblock }}
```

プログラム 6-23 (Page4.html, プログラム 6-11)

```
1    {{ block title }}
2        結果の確認
3    {{ endblock }}
4
5    {{ block content }}
6    <p>
7        プレイヤー1に対して初期保有額として<B>{{ C.ENDOWMENT }}</B>が渡されま
8        した. <br>
9        プレイヤー1はプレイヤー2に対して<B>{{ group.proposal }}</B>を渡すこ
10       ととしました. <br>
11   </p>
12
13   <p>
14       その結果,あなたは<B>{{ player.payoff }}</B>を獲得しました.
15   </p>
16       {{ next_button }}
17   {{ endblock }}
```

7

最終提案ゲームを作ろう
── 時間制限とボタン入力 ──

続いて，本章では**最終提案ゲーム**（ultimatum game）[†]という実験のプログラムを作成しましょう。最終提案ゲームは，他者に対してどの程度平等に行動しようとするのかを検討するためのゲーム理論の枠組みです。この実験では，あるプレイヤーが意思決定を下した結果を受けて，その結果をほかのプレイヤーが受け入れるかどうかを意思決定します。もし，提案が受け入れられたら，提案通りに分配されますが，拒否された場合にはお互い何も受け取れません。

本章では，プレイヤーの意思決定に基づいた条件分岐により画面の表示が異なったり，意思決定画面に時間制限があるプログラムの作成方法を学び，意思決定の入力方法をボタン形式にするときの方法についても紹介します。

7.1　最終提案ゲームとは

最終提案ゲームとは，他者に対する「不平等」をどのように受け取るのか検討するものです。この実験も 2 人 1 組で実施します。おおよそ以下のようなストーリーがあります。

> ここには 2 人のプレイヤーがいます。お互いに顔を見たことがなく，また今後その相手が判明することはありません。プレイヤー 1 であるあなたは 1,000 円を受け取りました。あなたはこの 1,000 円をプレイヤー 2 と分けることができます。なお，プレイヤー 2 はその提案が納得いかなかった場合には，提案を拒否することができます。その場合，プレイヤー 1 であるあなたとプレイヤー 2 は何も受け取ることができません。

[†] 最後通牒ゲームという呼び方が主流ですが，筆者は自分の指導教員に従い，本書では「最終提案ゲーム」という表現を用います[42]）。

この実験では，プレイヤー1とプレイヤー2の両者が合理的経済人であれば，プレイヤー1は最低単位（この場合は1円）を渡して，999円を自身のポイントにすると考えられます。もし，プレイヤー1が1,000円を全部自分のものにしてしまったら，提案を拒否しても受け入れても，プレイヤー2は何ももらえないことになります。そのために，プレイヤー2にとっては受け取っても拒否をしてもどちらでも変わらない状況になってしまうので，プレイヤー1は少しでもインセンティブがあるように最低単位をプレイヤー2に渡すことが合理的であると考えられます。

最終提案ゲームでは，プレイヤーがどの程度平等に振る舞うか，そしてどの程度の不平等を受け入れるかが注目されます。プレイヤー1がプレイヤー2に対して多くのポイントを提案する場合，プレイヤー1は報酬の不平等を小さくしたいと考えていると推定されます。一方で，プレイヤー1が最小限のポイントのみをプレイヤー2に提案し，自分の利益を多くする場合は，プレイヤー1がより不平等を大きくして，自分の利益を多くしたいということを示しています。もしプレイヤー1が半々を提案してもプレイヤー2に拒否されるなら，それはプレイヤー2が自身に有利な不平等を望むことを示しているとも言えます。このように，最終提案ゲームはどの程度の不平等を好むのか，そしてどの程度の不平等を許容するのか探るために使われます。

それでは，最終提案ゲームのプログラムを作ってみましょう。

7.2 これから作成する実験プログラムの概要

ここでは，プレイヤー1の初期保有額を10ポイントとし，プレイヤー1は0～10ポイントの中から好きな金額を提案できるものとします。プレイヤー2には，プレイヤー1の提案に対して「受け入れる」か「拒否する」という二つの選択肢があります。プレイヤー2が，プレイヤー1の提案を受け入れた場合には，プレイヤー1の提案が実現しますが，拒否をした場合は双方が何ももら

7.2 これから作成する実験プログラムの概要

えません†。この状況を簡単に図 **7.1** に示しました。また，プログラム内容は下記のとおりです。

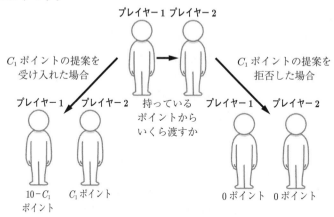

図 **7.1** 最終提案ゲームの概要図

最終提案ゲームのプログラム内容

内　容：2 人プレイヤーによる最終提案ゲーム

実験参加者が入力する項目：
- プレイヤー 1 の入力
  - プレイヤー 2 に分配する提案額
- プレイヤー 2 の入力
  - その提案額を受け入れるか否か

計算する項目：
- 利得の計算
  - 提案を受け入れた場合：
    * プレイヤー 1 の利得：初期保有額 − 提案額
    * プレイヤー 2 の利得：提案額

---

† 一般的に，最終提案ゲームではプレイヤー 2 が提案を受け入れた場合には，プレイヤーの利得関数は π_1, π_2 でそれぞれプレイヤー 1, 2 の利得を示すとすると，$\pi_1 = E_1 - C_1$, $\pi_2 = C_1$ として表すことができます。一方で，プレイヤー 2 が提案を受け入れなかった場合には，プレイヤー 1 の利得関数は，$\pi_1 = 0$, プレイヤー 2 の利得関数は $\pi_2 = 0$ となります。ただし，ここでは E_1 でプレイヤー 1 の初期保有額を，C_1 でプレイヤー 1 の支払額を示します。したがって，今回の状況では，プレイヤー 2 が提案を受け入れた場合には，$\pi_1 = 10 - C_1$, プレイヤー 2 の利得関数は $\pi_2 = C_1$ となり，一方で，プレイヤー 2 が提案を受け入れなかった場合には，$\pi_1 = 0$, $\pi_2 = 0$ となります。

－ 提案を受け入れなかった場合の利得：お互いにゼロ

ページ数：全6ページ

- Page1：インストラクションのページ
- Page2：プレイヤー1が提案額を入力するページ
- Page3：プレイヤー2が提案額の入力を待つページ
- Page4：プレイヤー2が提案額に対する反応を入力するページ
- Page5：プレイヤー1が提案額に対する反応を待つページ
- Page6：結果を表示するページ

注意すべきこと：

- プレイヤー1にだけ，プレイヤー2にだけに表示されるページを設定する必要がある。
- プレイヤー1とプレイヤー2の意思決定時間には60秒の時間制約がある。
- プレイヤー1の提案額が決定してから，プレイヤー2に受け入れるか否かを尋ねる必要がある。
- プレイヤー2の決定によってPage6で表示される画面が異なる。

　実験画面のフローについては図7.2に示します。今回のプログラムでは注意するべき点は4点あります。1番目にプレイヤー1が分配額を決定するページの扱いです。提案額の決定はプレイヤー1だけが行うことになります。したがって，Page2はプレイヤー1のみに表示し，プレイヤー2には表示されないようにする必要があります。同様に，プレイヤー1による提案額をプレイヤー2が受け入れるかどうか決定する画面であるPage4はプレイヤー2のみに表示し，プレイヤー1には表示されないようにする必要があります。

　2番目に時間制約です。このプログラムではプレイヤー1の提案額の決定およびプレイヤー2の受入可否の決定画面において，60秒の時間制約を設定したいと思います。時間制約を設ける場合には，その時間が経った際に強制的に決定される選択肢を用意しておく必要があります。

　そして，3番目に入力や計算などの順番に気をつける必要があります。プレイヤー1が提案額を決定したあとに，プレイヤー2が受け入れるか否かを尋ね

7.2 これから作成する実験プログラムの概要

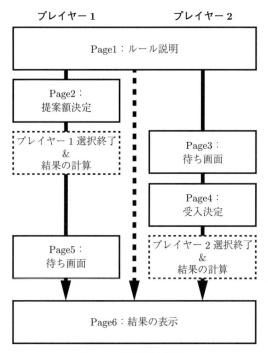

図 **7.2** 実験画面の流れ

なければいけません．今回のプログラムくらいであればあまり気にしなくても良いのですが，もう少し手順が複雑になると間違えが起こりやすくなりますので，いまの段階から，どのように処理を行うのかその手順を意識しながらプログラムを作成しましょう．

最後に，プレイヤー 2 が提案を受け入れたか否かによって，表示される文章を変えます．if 文を使って提案が受け入れられた場合と，受け入れられなかった場合の 2 条件の画面を用意します．

ページは Page1 から Page6 までの六つのページを作成する必要があります．それぞれ，図 **7.3** から図 **7.9** までの画面を作成していきましょう．

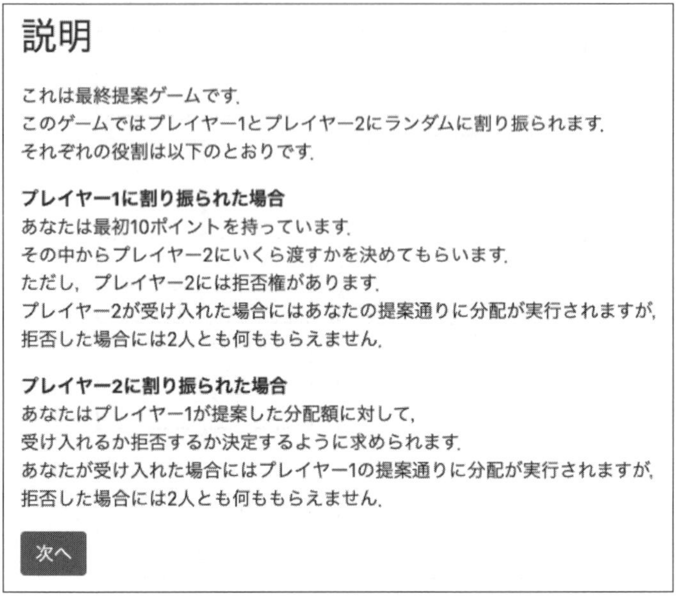

説明
これは最終提案ゲームです.
このゲームではプレイヤー1とプレイヤー2にランダムに割り振られます.
それぞれの役割は以下のとおりです.
プレイヤー1に割り振られた場合
あなたは最初10ポイントを持っています.
その中からプレイヤー2にいくら渡すかを決めてもらいます.
ただし，プレイヤー2には拒否権があります.
プレイヤー2が受け入れた場合にはあなたの提案通りに分配が実行されますが,
拒否した場合には2人とも何ももらえません.
プレイヤー2に割り振られた場合
あなたはプレイヤー1が提案した分配額に対して,
受け入れるか拒否するか決定するように求められます.
あなたが受け入れた場合にはプレイヤー1の提案通りに分配が実行されますが,
拒否した場合には2人とも何ももらえません.
次へ

図 **7.3**　Page1：インストラクション画面

分配額の決定
このページでの残り時間 0:43
あなたはプレイヤー1に割り振られました
あなたはいくら相手に渡しますか？
0ポイント
次へ

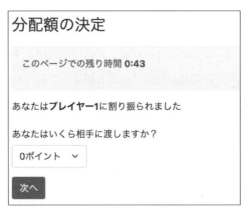

図 **7.4**　Page2：プレイヤー 1 の提案額決定画面

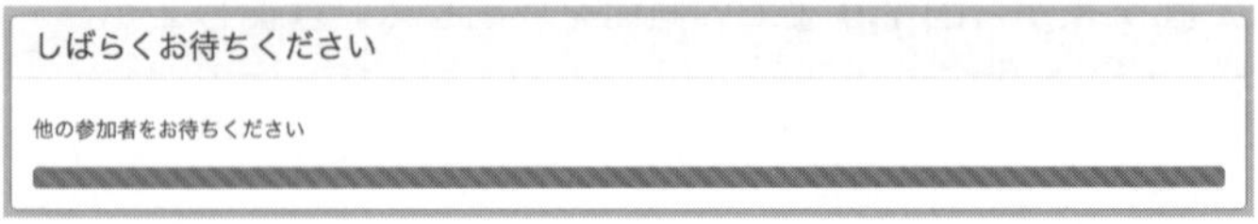

しばらくお待ちください
他の参加者をお待ちください

図 **7.5**　Page3：プレイヤー 2 の待ち画面

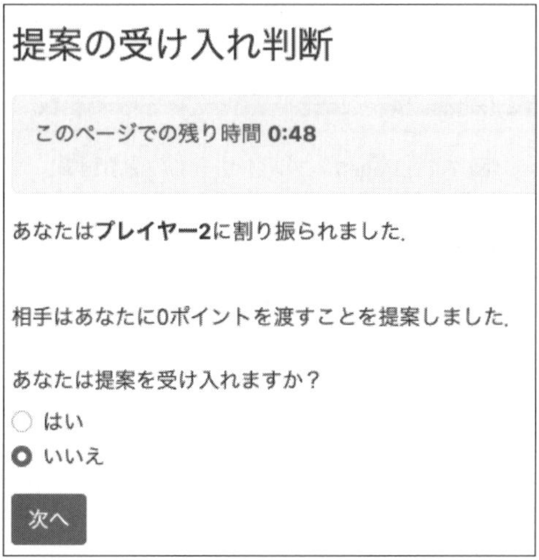

7.2 これから作成する実験プログラムの概要　　113

提案の受け入れ判断

このページでの残り時間 **0:48**

あなたは**プレイヤー2**に割り振られました.

相手はあなたに0ポイントを渡すことを提案しました.

あなたは提案を受け入れますか?

○ はい
● いいえ

次へ

図 **7.6**　Page4：プレイヤー 2 の反応決定画面

（**1**）　**oTree のアップデート**　　アップデートはインストールと同じコマンドです。しばらく oTree に触れていない場合は**プログラム 7-1** を実行しておくことをおすすめします。

プログラム 7-1 (oTree のアップデート)

```
pip install -U otree
```

（**2**）　**アプリを作成する**　　最初に，フォルダの中へ移動しましょう。プログラム **7-2** を実行してください。

プログラム 7-2 (otreetest フォルダへの移動)

```
cd ~/Desktop/otreetest
```

続いて，ベースとなるアプリを作成します（**プログラム 7-3**）。

プログラム 7-3 (ultimatum_trial という名前のアプリを作成)

```
otree startapp ultimatum_trial
```

ターミナル上でプログラム 7-3 を実行すると，最低限必要なプログラムのみのアプリが作られます。なお，このあともターミナルを使いますので，閉じないでください。

114　　7. 最終提案ゲームを作ろう —— 時間制限とボタン入力 ——

> しばらくお待ちください
>
> 他の参加者をお待ちください

図 **7.7**　Page5：プレイヤー 1 の待ち画面

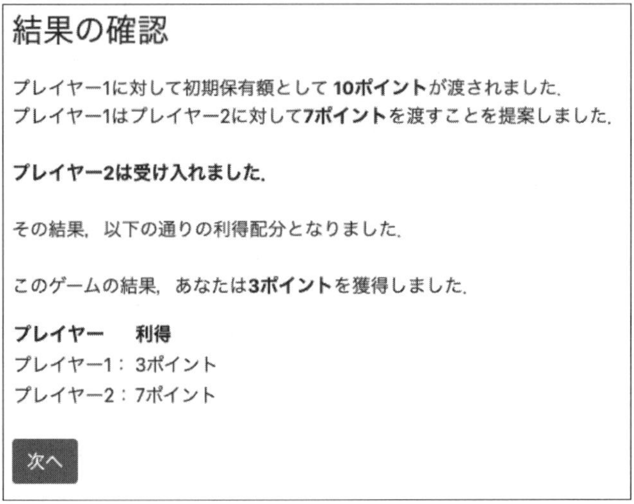

> # 結果の確認
>
> プレイヤー1に対して初期保有額として **10ポイント**が渡されました．
> プレイヤー1はプレイヤー2に対して**7ポイント**を渡すことを提案しました．
>
> **プレイヤー2は受け入れました．**
>
> その結果，以下の通りの利得配分となりました．
>
> このゲームの結果，あなたは**3ポイント**を獲得しました．
>
> **プレイヤー　　利得**
> プレイヤー1：3ポイント
> プレイヤー2：7ポイント
>
> 次へ

図 **7.8**　Page6：結果の確認画面（プレイヤー 2 が受け入れた場合）

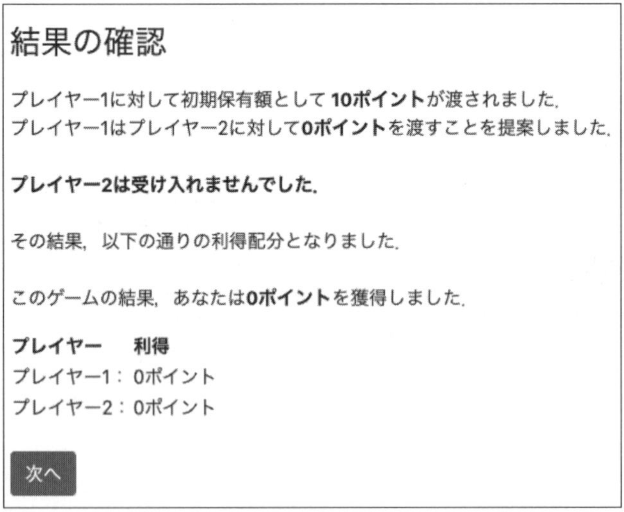

> # 結果の確認
>
> プレイヤー1に対して初期保有額として **10ポイント**が渡されました．
> プレイヤー1はプレイヤー2に対して**0ポイント**を渡すことを提案しました．
>
> **プレイヤー2は受け入れませんでした．**
>
> その結果，以下の通りの利得配分となりました．
>
> このゲームの結果，あなたは**0ポイント**を獲得しました．
>
> **プレイヤー　　利得**
> プレイヤー1：0ポイント
> プレイヤー2：0ポイント
>
> 次へ

図 **7.9**　Page6：結果の確認画面（プレイヤー 2 が拒否した場合）

7.3 アプリ作成の手順

7.3.1 MODELS の定義

（1） C クラスの定義　まずプログラム **7-4** を参考に，C クラスから設定していきます。はじめに，`ultimatum_trial` フォルダ内の `__init__.py` を開きましょう。

プログラム 7-4 (C クラスの定義)

```
1  class C(BaseConstants):
2      NAME_IN_URL = 'ultimatum_trial'
3      PLAYERS_PER_GROUP = 2
4      # 2人プレイヤー
5      NUM_ROUNDS = 1
6      # 1期のみ
7      ENDOWMENT = cu(10)
8      # プレイヤー1の初期保有額は10ポイント
```

プログラム 7-4 では基本の設定を行います。`PLAYERS_PER_GROUP` では同時に対戦するプレイヤーの人数を設定します。今回も独裁者ゲームと同様に 2 人プレイヤーで実施しますので，2 と設定しています。`ENDOWMENT` はプレイヤーに最初に割り当てられる初期保有額を示しています。今回も独裁者ゲームと同様に，初期保有額を 10 ポイントに設定しましょう。

（2） Player クラスの定義　続いて，Player クラスの中で，各プレイヤーに関する変数を定義します。今回は，すべてを Group クラスで定義するために，Player クラスにフィールドの定義はありません（**プログラム 7-5**）。

プログラム 7-5 (Player クラスの定義)

```
1  class Player(BasePlayer):
2      pass
```

（3） Group クラスの定義　Group クラスは，プレイヤー同士のインタラクションがあるときに用います。今回はプレイヤー同士のインタラクションがありますので，Group クラスにフィールドを定義します。ここではプレイヤー 1 の提案額を入力するフィールドと，プレイヤー 2 の選択を入力するフィール

116　　7. 最終提案ゲームを作ろう ── 時間制限とボタン入力 ──

ドを作成します（**プログラム 7-6**）。ここでプレイヤー 1 の提案額を入力する
フィールドには initial = 0 を，プレイヤー 2 の選択を入力するフィールド
には initial = False という定義をします。これにより，タイムアウトが起
こった際の処理を定義できます。データの入力がなかった場合にはデフォルト
として 0 や False が入力されたものとして扱う方法です†。

　また，Page2timeout と Page4timeout という変数を用意しています。これ
は，それぞれ Page2 と Page4 で制限時間を超えたタイムアウトが発生した際
に，その記録を残すための変数です。

プログラム 7-6 (Group クラスの定義)

```
1   class Group(BaseGroup):
2       # プレイヤー 1 は提案額を決定する
3       proposal = models.CurrencyField(
4           choices = currency_range(cu(0), C.ENDOWMENT, cu(1)),
5           label = 'プレイヤー 2 にいくら渡しますか？',
6           initial = cu(0) # プレイヤー 1 の選択の初期値は cu(0)
7       )
8       # プレイヤー 2 は提案を受け入れるかどうかを決定する
9       accepted_or_not = models.BooleanField(
10          label = 'あなたは提案を受け入れますか？',
11          initial = False # プレイヤー 2 の選択の初期値は False
12      )
13      Page2timeout = models.IntegerField()
14      # Page2 のタイムアウト時間を記録する変数
15      Page4timeout = models.IntegerField()
16      # Page4 のタイムアウト時間を記録する変数
```

proposal には，提案額を入力できるようにします。ここでは，cu(0)（0 ポ
イント）から cu(C.ENDOWMENT)（C クラスの ENDOWMENT で定義された額，今
回は 10 ポイント）までの範囲で，cu(1)（1 ポイント）刻みで選択形式で入力
できるように定義します。

　accepted_or_not では，TRUE（真）か FALSE（偽）かを表す Bool 型のデー

---

† 　ただし，行動経済学では，人間の意思決定が初期設定値に引っ張られやすい「デフォル
　　ト効果」というものが知られているので，本当は initial を使わないほうが良いよう
　　に思います。しかしながら，現在の oTree ではここで initial の設定をしないと時間
　　制限の設定をした場合にはエラーが発生してしまいますので気をつけてください。

7.3 アプリ作成の手順 117

タ入力をできるようにします。今回は，プレイヤー2が受け入れる場合には，TRUE が入力され，拒否する場合には FALSE として入力されますが，TRUE の場合は 1，FALSE の場合は 0 という数字で表示されます。

（**4**）**Subsession クラスの定義**　Subsession クラスについては，**プログラム 7-7** のとおり今回は特別な定義をすることはありません。

プログラム 7-7 (Subsession クラスの定義)

```
1  class Subsession(BaseSubsession):
2      pass
```

（**5**）**FUNCTIONS の定義**　FUNCTIONS は変数同士の計算を実行する際に用います。最終提案ゲームで求められる計算は，単純な引き算だけです。しかし，少しややこしいのは条件による場合分けです。具体的には，プレイヤー2が受け入れた場合には（プレイヤー1の利得，プレイヤー2の利得）＝（初期保有額 − 提案額，提案額）として算出される一方で，プレイヤー2が拒否した場合には（プレイヤー1の利得，プレイヤー2の利得）＝（0, 0）となります。すなわち，プレイヤー2の判断を条件として，分岐が生じることになります。

プログラム 7-8 (FUNCTIONS の定義)

```
1  def compute(group: Group):
2      p1 = group.get_player_by_id(1)
3      p2 = group.get_player_by_id(2)
4      # プレイヤー1とプレイヤー2の情報を取得
5      if group.accepted_or_not == True:
6      # プレイヤー2が提案を受け入れた場合
7          p1.payoff = C.ENDOWMENT - group.proposal
8          # プレイヤー1の利得は初期保有額から提案額を引いたもの
9          p2.payoff = group.proposal
10         # プレイヤー2の利得は提案額
11     else:
12     # プレイヤー2が提案を拒否した場合
13         p1.payoff = cu(0)
14         # プレイヤー1の利得は0
15         p2.payoff = cu(0)
16         # プレイヤー2の利得は0
```

さて，**プログラム 7-8** では，先ほどのプレイヤー1および2の利得計算の関数を定義しています。Player クラスの下に書いておくと良いでしょう。ここでは if

118　　7. 最終提案ゲームを作ろう── 時間制限とボタン入力 ──

文を使った条件分岐を用いて，プレイヤー 2 が提案を受け入れた場合と受け入れ
なかった場合の利得を示しています。if group.accepted_or_not==True:以
下では，プレイヤー 2 がプレイヤー 1 の提案を受け入れた場合の処理を示し，
else:以下では，そうではなかった場合，すなわちプレイヤー 2 が提案を拒否
した場合の処理を示しています[†]。前者の場合はプレイヤー 1 の提案通りの分
配が，後者の場合にはお互いの利得が 0 になるように定義されています。

7.3.2　html ファイルの定義

html では，具体的な項目を表示するページの内容を表示します。今回は全
部で 6 ページ構成です。ultimatum_trial フォルダの中に 1 ページ目である
Page1.html，2 ページ目である Page2.html，4 ページ目である Page4.html
および 6 ページ目である Page6.html という html ファイルを作成します。

（1）**Page1**　さて，Page1 の html ファイルを用意しましょう。**プログ
ラム 7-9** に示すように，このページでは，最終提案ゲームの概要を説明します。
プレイヤー 1 とプレイヤー 2 で求められる意思決定の内容が異なりますので，
プレイヤー 1 の役割とプレイヤー 2 の役割についてそれぞれ説明を用意してい
ます。

プログラム 7-9　(Page1 の定義)

```
 1  {{ block title }}
 2      説明
 3  {{ endblock }}
 4
 5  {{ block content }}
 6  <div>
 7      <p>
 8          これは最終提案ゲームです．<br>
 9          このゲームではプレイヤー 1 とプレイヤー 2 に割り振られます．<br>
10          それぞれの役割は以下のとおりです．
11      </p>
12  </div>
```

[†]　Python における if 文については，付録 A.4 節で解説していますので，適宜参照して
ください。

7.3 アプリ作成の手順 119

```
13  <div>
14      <B>プレイヤー1に割り振られた場合</B>
15      <p>
16          あなたは最初{{ C.ENDOWMENT }}を持っています. <br>
17          その中からプレイヤー2にいくら渡すかを決めてもらいます. <br>
18          ただし, プレイヤー2には拒否権があります. <br>
19          プレイヤー2が受け入れた場合にはあなたの提案通りに分配が実行されます
20          が, <br>
21          拒否された場合には2人とも何ももらえません.
22      </p>
23      <B>プレイヤー2に割り振られた場合</B>
24      <p>
25          あなたはプレイヤー1が提案した提案額に対して, <br>
26          受け入れるか拒否するかを決めます. <br>
27          あなたが受け入れた場合にはプレイヤー1の提案通りに分配が実行されます
28          が, <br>
29          拒否した場合には2人とも何ももらえません.
30      </p>
31  </div>
32      {{ next_button }}
33  {{ endblock }}
```

プログラム 7-9 ではゲームの説明だけで, 意思決定は行いません。

（**2**）**Page2** 続いて, Page2 を準備します（**プログラム 7-10**）。Page2 はプレイヤー1が提案額を決定します。{{ formfields }}では, 提案額を入力することになります。なお, このページはプレイヤー1にのみ表示されて, プレイヤー2には表示されません。

プログラム 7-10 (Page2 の定義)

```
1   {{ block title }}
2       提案額の決定
3   {{ endblock }}
4
5   {{ block content }}
6   <p>
7       あなたは<B>プレイヤー1</B>に割り振られました
8   </p>
9       {{ formfields }}
10      {{ next_button }}
11  {{ endblock }}
```

120　　　7.　最終提案ゲームを作ろう —— 時間制限とボタン入力 ——

（ 3 ）　**Page3**　　Page3 については，html ファイルの定義はありません。
7.3.3 項 (3) にて紹介します。

（ 4 ）　**Page4**　　続いて，Page4 を準備します（**プログラム 7-11**）。Page4
はプレイヤー 2 が受け入れるか否かを決定します。{{ formfields }}で，提
案額を受け入れるか否かを選択します。なお，このページはプレイヤー 2 にの
み表示されて，プレイヤー 1 には表示されません。

プログラム 7-11　(Page4 の定義)

```
 1  {{ block title }}
 2      提案額の受け入れ判断
 3  {{ endblock }}
 4
 5  {{ block content }}
 6  <p>
 7      あなたは<B>プレイヤー 2</B>に割り振られました.
 8  </p>
 9  <p>
10      相手はあなたに{{ group.proposal }}を渡すことを提案しました.
11  </p>
12      {{ formfields }}
13      {{ next_button }}
14  {{ endblock }}
```

（ 5 ）　**Page5**　　Page5 については，html ファイルの設定はありません。
7.3.4 項にて紹介します。

（ 6 ）　**Page6**　　最後に，Page6 を準備します（**プログラム 7-12**）。Page6
は結果が表示されます。特別な表記はありませんが，ここではプレイヤー 2 が
受け入れたか否かという条件によって，表示される文言が変わるようにします。
そのために，{{ if group.accepted_or_not == False }}...（ブロック
A）...{{ else }}...（ブロック B）...{{ endif }}でif文を使っていること
に気をつけましょう†。ここの例で言うと，ブロック A は group.accepted_or_
not が False のとき，すなわち受け入れられなかったときに表示されますが，ブ
ロック B は group.accepted_or_not が False 以外のとき，すなわち受け入れ

---

†　oTree の html テンプレートにおける if 文の詳細については付録 A.5 節を参照してく
　　ださい。

7.3 アプリ作成の手順　　*121*

られたときに表示されます。

プログラム 7-12 (Page6 の定義)

```
 1  {{ block title }}
 2      結果の確認
 3  {{ endblock }}
 4
 5  {{ block content }}
 6  <p>
 7      プレイヤー1に対して初期保有額として<B>{{ C.ENDOWMENT }}</B>が渡されま
 8      した. <br>
 9      プレイヤー1はプレイヤー2に対して<B>{{ group.proposal }}</B>を渡すこ
10      とを提案しました. <br>
11  </p>
12  {{ if group.accepted_or_not == False }}
13  <p>
14      <B>プレイヤー2は受け入れませんでした. </B><br>
15  </p>
16  {{ else }}
17  </p>
18      <B>プレイヤー2は受け入れました. </B><br>
19  </p>
20  {{ endif }}
21  <p>
22      このゲームの結果, あなたは<B>{{ player.payoff }}</B>を獲得しました.
23  </p>
24      {{ next_button }}
25  {{ endblock }}
```

以上で html ファイルの設定は終了です。

7.3.3 PAGES の定義

続いて, PAGES の定義をします。__init__.py を開きましょう。PAGES
では「ページの表示の順番」や「入力項目」,「関数の計算の順番」などを定義
します。今回は最終提案ゲームの利得を計算します。気をつける必要があるの
は, プレイヤー1の提案額を決定したあとに, プレイヤー2が提案額に対して
受け入れるか否かを判断することと, プレイヤー2が受け入れた場合と拒否し
た場合で表示される文言が異なることです。そして, タイムアウトが発生した

122 　　7. 最終提案ゲームを作ろう —— 時間制限とボタン入力 ——

ときに自動的にデータが入力されるようにして，タイムアウトが発生したという記録を残すという点にも気をつける必要があります。

┌─ **PAGES で定義する動作** ─────────────────────────

- **プレイヤー 1 の提案額を入力する**
  - プレイヤー 1 にのみ画面を表示する
  - 入力できなかった場合には，自動的にデータを入力する
  - 入力できなかったという記録を残す
- **プレイヤー 2 の判断を入力する**
  - プレイヤー 2 にのみ画面を表示する
  - 入力できなかった場合には，自動的にデータを入力する
  - 入力できなかったという記録を残す
- **プレイヤー 2 の判断によって利得が決定する**

└───────────────────────────────────────

（1）**Page1**　　プログラム **7-13** に示したとおり，Page1 では入力欄の表示や，計算などの特別な動作はありません。

プログラム 7-13　(Page1 の定義)

```
1  class Page1(Page):
2      pass
```

（2）**Page2**　　プログラム **7-14** に示したとおり，Page2 ではプレイヤー 1 による提案額の入力があります。さらに，今回は入力時間に 60 秒の制限を設定しました。`timeout_seconds` では秒単位で時間制限を設定することができます。時間制限を迎えた場合には，自動的に一定の値（今回の場合は 0 ポイント）が入力されたものとして，つぎの画面に進むことになります。

今回は Group クラスに入力項目を定義していますので，`form_model` は group としています。また，下部には`@staticmethod` と，関数として `def is_displayed(player)` 以下の記述があります。

`def is_displayed(player)` では，そのページを表示するか否かを関数上で定義します。今回は，`player.id_in_group == 1`，すなわちプレイヤー 1 にのみ画面が表示されるようになります。

def before_next_page(player, timeout_happened) では，タイムアウ
トが発生した場合の処理を設定しています[†]。グループを定義した上で，タイ
ムアウトが発生した際には，提案額として 0 を記録し，Page2timeout という
変数にタイムアウトが発生したフラグとして 1 という記録を残すようにしてい
ます。

プログラム 7-14 (Page2 の定義)

```
 1   class Page2(Page):
 2       timeout_seconds = 60
 3       # Page2 のタイムアウト時間を 60 秒に設定
 4       form_model = 'group'
 5       form_fields = ['proposal']
 6
 7       @staticmethod
 8       def is_displayed(player: Player):
 9           return player.id_in_group == 1
10       # プレイヤー 1 のみが Page2 にアクセスできるようにする
11
12       @staticmethod
13       def before_next_page(player: Player, timeout_happened):
14           if timeout_happened:
15           # タイムアウトが発生した場合
16               player.group.proposal = cu(0)
17               # proposal に 0 を入力する
18               player.group.Page2timeout = 1
19               # Page2timeout に 1 を入力する
```

（**3**）**Page3**　続いて，Page3 を設定します。**プログラム 7-15** には Page3
のコードを示しています。ここは WaitPage であり，入力する項目がないので
pass としておきます。なお，Page3 は，プレイヤー 2 だけにしか表示されてい
ませんが，プレイヤー 1 もこのページに入ることになります。プレイヤー 1 が
決定次第，このページに入ったらすぐに Page4 に進みます。

[†]　before_next_page では，フォームの入力を検証したあとに，プレイヤーがつぎのペー
ジに進む前に実行されるコードを定義できます。ただし，is_displayed でページが飛
ばされた場合には，before_next_page も実行されません。

124　　7.　最終提案ゲームを作ろう —— 時間制限とボタン入力 ——

プログラム 7-15 (Page3 の定義)

```
1   class Page3(WaitPage):
2       pass
```

（4）Page4　　続いて，Page4 を定義します（**プログラム 7-16**）。Page4 ではプレイヤー 2 による，提案の受け入れの判断があります。今回も Page2 と同様に入力時間に 60 秒の制限を設定しました。時間制限を迎えた場合には，自動的に一定の値（今回の場合は拒否）が入力（選択）されたものとして，つぎの画面に進むことになります。

プログラム 7-16 (Page4 の定義)

```
1   class Page4(Page):
2       timeout_seconds = 60
3       # Page4 のタイムアウト時間を 60 秒に設定
4       form_model = 'group'
5       form_fields = ['accepted_or_not']
6
7       @staticmethod
8       def is_displayed(player: Player):
9           return player.id_in_group == 2
10      # プレイヤー 2 のみが Page4 にアクセスできるようにする
11
12      @staticmethod
13      def before_next_page(player: Player, timeout_happened):
14          if timeout_happened:
15          # タイムアウトが発生した場合
16              player.group.accepted_or_not = False
17              # accepted_or_not に False を入力する
18              player.group.Page4timeout = 1
19              # Page4timeout を 1 にする
```

また，このページにおいても Page2 と同様に，`def is_displayed(player)` で `player.id_in_group == 2`，すなわち `player.id_in_group` が 2 のときにプレイヤー 2 として，プレイヤー 2 にのみ画面が表示されるようになります。

そして，`def before_next_page(player, timeout_happened)` では，タイムアウトが発生した場合の処理を定義しています。グループを定義した上で，タイムアウトが発生した際には，提案を拒否したものとした上で，**Page4timeout**

という変数にタイムアウトが発生したフラグとして1という記録を残すようにしています。

（5）**Page5**　続いて，Page5を定義します。プログラム**7-17**にはPage5のコードを示しています。ここは`WaitPage`であり，入力する項目はありませんが計算を実行する必要があります。Page5は，プレイヤー1だけにしか表示されていないように見えますが，形式的にはプレイヤー2もこのページに入ることになります。そしてFUNCTIONSで定義したcompute関数を実行したのちにPage5に進みます。

プログラム 7-17 (Page5の定義)

```
1  class Page5(WaitPage):
2      after_all_players_arrive = compute
3      # 全プレイヤーがPage5に到達したあと，compute関数を実行する
```

（6）**Page6**　最後に，Page6を定義します。プログラム**7-18**にはPage6のコードを示しています。このページでは，結果の確認だけであり，入力する項目はありません。したがって，`pass`としておきます。

プログラム 7-18 (Page6の定義)

```
1  class Page6(Page):
2      pass
```

（7）**表示する順番を定義する**　一番最後に画面を表示する順番を定義します。プログラム**7-19**では，ページの表示の順番を定義しています。今回のアプリでは，プレイヤーによって表示されるページが異なりますが，形式的にはPage1からPage6の順番で進みます。

プログラム 7-19 (各ページの表示の順番の定義)

```
page_sequence = [Page1, Page2, Page3, Page4, Page5, Page6]
```

以上でアプリ内の設定は終了です。

7.3.4　SESSION_CONFIGSの定義

最後に，oTreeで実験を実装するには，`settings.py`の中の`SESSION_CONFIGS`でアプリを構成する必要があります。ここでは，いままで作成したアプリがあることを前提として，プログラム**7-20**のように23行目最後のカ

ンマと 24〜29 行目を追記して SECTION_CONFIGS を準備します。num_demo_
participants は，最終提案ゲームにおける最小人数として 2 を設定します。

プログラム 7-20 (SESSION_CONFIGS の定義)

```
 1  SESSION_CONFIGS = [
 2      dict(
 3          name = 'questionaire',
 4          # この構成の名前を設定します
 5          display_name = "はじめてのアンケート",
 6          # oTree のデモ画面で表示される名前を設定します
 7          num_demo_participants = 1,
 8          # デモ画面に参加する人数を設定しておく必要があります
 9          app_sequence = ['questionnaire']
10          # この構成で使用するアプリケーションを設定します
11      ),
12      dict(
13          name = 'PG3',
14          display_name = "はじめての公共財ゲーム",
15          num_demo_participants = 3,
16          app_sequence = ['publicgoods_trial']
17      ),
18      dict(
19          name = 'DG',
20          display_name = "はじめての独裁者ゲーム",
21          num_demo_participants = 2,
22          app_sequence = ['dictator_trial']
23      ),
24      dict(
25          name = 'UG',
26          display_name = "はじめての最終提案ゲーム",
27          num_demo_participants = 2,
28          app_sequence = ['ultimatum_trial']
29      )
30  ]
```

7.3.5 動 作 の 確 認

さて，自身の端末をサーバとして起動して動作を検証しましょう。先ほど用
意したターミナル上で**プログラム 7-21** を実行します。

7.4 ボタン入力の設定 127

プログラム 7-21 (サーバとして起動)

```
otree devserver
```

これで自身の端末で実験を実施することができます。http://localhost:8000/ にアクセスしてみてください。デモ画面に表示された「はじめての最終提案ゲーム」をクリックして，動作を検証しましょう。

7.4　ボタン入力の設定

現在の入力形式では，プレイヤー2はラジオボタン形式で自身の選択を入力し，つぎへ進むことになります。しかし，html形式でボタンを用意することで，選択と入力を同時に実行することができます。oTreeでは先述のとおりBootstrapと呼ばれる技術が用いられています。試しにプレイヤー2の決定をボタン形式にしてみましょう。プログラム7-11の12〜13行目にある{{ formfields }}と{{ next_button }}の2行を**プログラム 7-22**のように書き換えます。

プログラム 7-22 (受け入れ可否のボタン入力の設定)

```
 1  <div class="form=group required">
 2      <label class="control-label">あなたはこの提案を受け入れますか？
 3      </label>
 4      <div class="contorls">
 5          <button name = "accepted_or_not" value="1" class="btn
 6          btn-primary">はい</button>
 7          <button name = "accepted_or_not" value="0" class="btn
 8          btn-danger">いいえ</button>
 9      </div>
10  </div>
```

そうすると，図**7.10**のように表示され，ボタンを選択することで，データが入力されてつぎの画面に進むようになります。

また，プレイヤー1の入力画面もボタンを使ってみましょう。プログラム7-10の9〜10行目にある{{ formfields }}と{{ next_button }}の2行をプログラム**7-23**のように書き換えます。

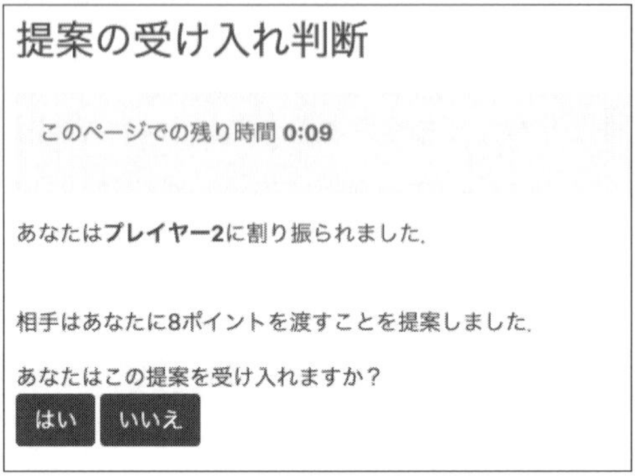

128　7.　最終提案ゲームを作ろう —— 時間制限とボタン入力 ——

提案の受け入れ判断

このページでの残り時間 **0:09**

あなたは**プレイヤー2**に割り振られました.

相手はあなたに**8ポイント**を渡すことを提案しました.

あなたはこの提案を受け入れますか？

[はい] [いいえ.]

図 **7.10**　受け入れ可否画面をボタンで表示する

プログラム 7-23　(提案額のボタン入力の設定)

```
1   <p>あなたはいくら相手に渡しますか？</p>
2   <div class="btn-toolbar me-2" role="toolbar" aria-label ="button
3   group">
4   <!-- 0-3 ポイント -->
5   <div class="btn-group me-2" role="group" aria-label="First group">
6       <button name="proposal" value="0" class="btn btn-primary">0pt
7       </button>
8       <button name="proposal" value="1" class="btn btn-primary">1pt
9       </button>
10      <button name="proposal" value="2" class="btn btn-primary">2pt
11      </button>
12      <button name="proposal" value="3" class="btn btn-primary">3pt
13      </button>
14  </div>
15  <!-- 4-6 ポイント -->
16  <div class="btn-group me-2" role="group" aria-label="Second group">
17      <button name="proposal" value="4" class="btn btn-warning">4pt
18      </button>
19      <button name="proposal" value="5" class="btn btn-warning">5pt
20      </button>
21      <button name="proposal" value="6" class="btn btn-warning">6pt
22      </button>
23  </div>
24  <!-- 7-10 ポイント -->
25  <div class="btn-group me-2" role="group" aria-label="Third group">
26      <button name="proposal" value="7" class="btn btn-danger">7pt
```

7.4 ボタン入力の設定

```
27        </button>
28        <button name="proposal" value="8" class="btn btn-danger">8pt
29        </button>
30        <button name="proposal" value="9" class="btn btn-danger">9pt
31        </button>
32        <button name="proposal" value="10" class="btn btn-danger">10pt
33        </button>
34   </div>
35 </div>
```

これにより，0〜3ポイントを青色のボタンで，4〜6ポイントを黄色のボタンで，7〜10ポイントを赤色のボタンで表示することができます。button name には__init__.pyのクラスで定義した変数名を，valueには入力したい値を，<button...>ココ</button>の「ココ」にボタンとして表示したい文字列を入力してください†。そうすると，図 **7.11** のように表示されて，ボタンを選択することで，データが入力されてつぎの画面に進むようになります。

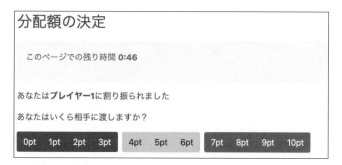

図 **7.11** 分配額決定画面をボタンで表示する

┌─ コーヒーブレイク ─┐

実験を実施しているときに，実験参加者がルールを忘れてしまうかもしれません。もしくは，再度ルールを確認したいということもあるかもしれません。そのときには，ルール説明を再度確認できるようにしてあげると便利です。しかし，毎回インストラクションをファイルで用意するのは少しややこしいでしょう。

---

† より細かいボタンの種類については，Bootstrap の公式サイトのボタンのページ (https://getbootstrap.jp/docs/5.3/components/buttons/) などを参考にしてください。

130   7. 最終提案ゲームを作ろう——時間制限とボタン入力——

そんなときには，`instructions.html` といったファイルにインストラクションを用意しておくと便利です。その際には，C クラスに**プログラム 7-24** を追記します。ここでは，最終提案ゲームのプログラムを例として紹介します。

プログラム 7-24 (インストラクションを C クラスに追記)
```
instructions_template = 'ultimatum_trial/Instructions.html'
```

そして，html ファイルのインストラクションを入れたい箇所に**プログラム 7-25** を追記します。

プログラム 7-25 (インストラクションを html ファイルに追記)
```
{{ include C.instructions_template }}
```

このようにすることで，一つのインストラクションファイルをもとに複数のページに埋め込むことができます。

最後に，章末問題を用意しました。実際にコードをいろいろいじりながら，試してみましょう。

章 末 問 題

【1】 `Page1.html` で記述したインストラクションは最低限のルールを示したものであり，十分にわかりやすいものとは言えません。各自でわかりやすいインストラクションを作成してみましょう。

【2】 結果のページをもっとわかりやすいように作り変えてみましょう。

【3】 最終提案ゲームにおける初期保有額を 1,000 ポイントに，分配単位を 10 ポイント単位に変更してみましょう。

【4】 プログラム 7-22 を実装してみましょう。

【5】 プログラム 7-23 を実装してみましょう。

【6】 ボタンの色を変更してみましょう。

すべてのプログラム

プログラム **7-26** からプログラム **7-30** では，本章で扱ったプログラムをすべて示しますので，改めて確認してください。

すべてのプログラム　　131

プログラム 7-26 (__init__.py. プログラム 7-4 から 7-8 およびプログラム 7-13 から 7-19)

```python
1   from otree.api import *
2
3
4   doc = """
5   はじめての最終提案ゲーム
6   """
7
8
9   class C(BaseConstants):
10      NAME_IN_URL = 'ultimatum_trial'
11      PLAYERS_PER_GROUP = 2
12      # 2人プレイヤー
13      NUM_ROUNDS = 1
14      # 1期のみ
15      ENDOWMENT = cu(10)
16      # プレイヤー1の初期保有額は10ポイント
17
18  class Subsession(BaseSubsession):
19      pass
20
21  class Group(BaseGroup):
22      # プレイヤー1は提案額を決定する
23      proposal = models.CurrencyField(
24          choices = currency_range(cu(0), C.ENDOWMENT, cu(1)),
25          label = 'プレイヤー2にいくら渡しますか？',
26          initial = cu(0) # プレイヤー1の選択の初期値は cu(0)
27      )
28      # プレイヤー2は提案を受け入れるかどうかを決定する
29      accepted_or_not = models.BooleanField(
30          label = 'あなたは提案を受け入れますか？',
31          initial = False # プレイヤー2の選択の初期値は False
32      )
33      Page2timeout = models.IntegerField()
34      # Page2のタイムアウト時間を記録する変数
35      Page4timeout = models.IntegerField()
36      # Page4のタイムアウト時間を記録する変数
37
38  class Player(BasePlayer):
39      pass
40
```

```python
41
42   def compute(group: Group):
43       p1 = group.get_player_by_id(1)
44       p2 = group.get_player_by_id(2)
45       # プレイヤー1とプレイヤー2の情報を取得
46       if group.accepted_or_not == True:
47           # プレイヤー2が提案を受け入れた場合
48           p1.payoff = C.ENDOWMENT - group.proposal
49           # プレイヤー1の利得は初期保有額から提案額を引いたもの
50           p2.payoff = group.proposal
51           # プレイヤー2の利得は提案額
52       else:
53           # プレイヤー2が提案を拒否した場合
54           p1.payoff = cu(0)
55           # プレイヤー1の利得は0
56           p2.payoff = cu(0)
57           # プレイヤー2の利得は0
58
59
60   # PAGES
61   class Page1(Page):
62       pass
63
64   class Page2(Page):
65       timeout_seconds = 60
66       # Page2のタイムアウト時間を60秒に設定
67       form_model = 'group'
68       form_fields = ['proposal']
69
70       @staticmethod
71       def is_displayed(player: Player):
72           return player.id_in_group == 1
73       # プレイヤー1のみがPage2にアクセスできるようにする
74
75       @staticmethod
76       def before_next_page(player: Player, timeout_happened):
77           if timeout_happened:
78               # タイムアウトが発生した場合
79               player.group.proposal = cu(0)
80               # proposalに0を入力する
81               player.group.Page2timeout = 1
```

すべてのプログラム　　*133*

```
82              # Page2timeout に 1 を入力する
83
84   class Page3(WaitPage):
85       pass
86
87   class Page4(Page):
88       timeout_seconds = 60
89       # Page4 のタイムアウト時間を 60 秒に設定
90       form_model = 'group'
91       form_fields = ['accepted_or_not']
92
93       @staticmethod
94       def is_displayed(player: Player):
95           return player.id_in_group == 2
96       # プレイヤー 2 のみが Page4 にアクセスできるようにする
97
98       @staticmethod
99       def before_next_page(player: Player, timeout_happened):
100          if timeout_happened:
101          # タイムアウトが発生した場合
102              player.group.accepted_or_not = False
103              # accepted_or_not に 0 を入力する
104              player.group.Page4timeout = 1
105              # Page4timeout を 1 にする
106
107  class Page5(WaitPage):
108      after_all_players_arrive = compute
109      # 全プレイヤーが Page5 に到達したあと，compute 関数を実行する
110
111  class Page6(Page):
112      pass
113
114  page_sequence = [Page1, Page2, Page3, Page4, Page5, Page6]
```

プログラム 7-27 (Page1.html, プログラム 7-9)

```
1   {{ block title }}
2       説明
3   {{ endblock }}
4
5   {{ block content }}
6   <div>
```

```
 7      <p>
 8          これは最終提案ゲームです．<br>
 9          このゲームではプレイヤー1とプレイヤー2に割り振られます．<br>
10          それぞれの役割は以下のとおりです．
11      </p>
12  </div>
13  <div>
14      <B>プレイヤー1に割り振られた場合</B>
15      <p>
16          あなたは最初{{ C.ENDOWMENT }}を持っています．<br>
17          その中からプレイヤー2にいくら渡すかを決めてもらいます．<br>
18          ただし，プレイヤー2には拒否権があります．<br>
19          プレイヤー2が受け入れた場合にはあなたの提案通りに分配が実行されます
20          が，<br>
21          拒否された場合には2人とも何ももらえません．
22      </p>
23      <B>プレイヤー2に割り振られた場合</B>
24      <p>
25          あなたはプレイヤー1が提案した提案額に対して，<br>
26          受け入れるか拒否するかを決めます．<br>
27          あなたが受け入れた場合にはプレイヤー1の提案通りに分配が実行されます
28          が，<br>
29          拒否した場合には2人とも何ももらえません．
30      </p>
31  </div>
32      {{ next_button }}
33  {{ endblock }}
```

プログラム 7-28 (Page2.html, プログラム 7-10)

```
 1  {{ block title }}
 2      提案額の決定
 3  {{ endblock }}
 4
 5  {{ block content }}
 6  <p>
 7      あなたは<B>プレイヤー1</B>に割り振られました．
 8  </p>
 9      {{ formfields }}
10      {{ next_button }}
11  {{ endblock }}
```

すべてのプログラム　　　135

プログラム 7-29 (Page4.html，プログラム 7-11)

```
1  {{ block title }}
2      提案額の受け入れ判断
3  {{ endblock }}
4
5  {{ block content }}
6  <p>
7      あなたは<B>プレイヤー 2</B>に割り振られました.
8  </p>
9  <p>
10      相手はあなたに{{ group.proposal }}を提案しました.
11  </p>
12      {{ formfields }}
13      {{ next_button }}
14  {{ endblock }}
```

プログラム 7-30 (Page6.html，プログラム 7-12)

```
1  {{ block title }}
2      結果の確認
3  {{ endblock }}
4
5  {{ block content }}
6  <p>
7      プレイヤー 1 に対して初期保有額として<B>{{ C.ENDOWMENT }}</B>が渡されま
8      した. <br>
9      プレイヤー 1 はプレイヤー 2 に対して<B>{{ group.proposal }}</B>を渡すこ
10      とを提案しました. <br>
11  </p>
12  {{ if group.accepted_or_not == 0 }}
13  <p>
14      <B>プレイヤー 2 は受け入れませんでした. </B><br>
15  </p>
16  {{ else }}
17  </p>
18      <B>プレイヤー 2 は受け入れました. </B><br>
19  </p>
20  {{ endif }}
21  <p>
22      このゲームの結果, あなたは<B>{{ player.payoff }}</B>を獲得しました.
23  </p>
24      {{ next_button }}
25  {{ endblock }}
```

8

信頼ゲームを作ろう
── 表形式の出力と報酬の表示 ──

　続いて，本章では**信頼ゲーム** (trust game) という実験のプログラムを作成しましょう。信頼ゲームは他者をどの程度信頼しようとするのか，そしてどの程度信頼に応えようとするのか検討するためのゲーム理論の枠組みです。

　この実験は，あるプレイヤーが意思決定を下した結果を受けて，その結果をもとに割り振られたポイントの中から，別のプレイヤーがいくらお金を返すのか決定するというものです。例えば，あるプレイヤーの支払額の多寡から信頼の程度を分析することができますし，別のプレイヤーの支払額によって信頼にどの程度応えたかを分析することができます。

　本章では，ほかのプレイヤーの支払額や，表形式による獲得額を表示する方法を学ぶと同時に，結果を実験参加者に表形式で表示する方法や，実験実施者にとってわかりやすい報酬の表示方法についても学びます。

8.1　信頼ゲームとは

　信頼ゲームとは，他者に対する「信頼」に関わる議論を検討するものです。この実験も 2 人 1 組で実施します。おおよそ以下のようなストーリーがあります。

> ここには 3 人のプレイヤーがいます。お互いに顔を見たことがなく，また今後その相手が判明することはありません。プレイヤー 1 であるあなたは 1,000 円を受け取りました。あなたはこの 1,000 円のうち，いくらかをプレイヤー 2 に渡すことができます。その際に，間に入ったプレイヤー 3 は，プレイヤー 1 がプレイヤー 2 に渡そうとする金額を 3 倍にしてプレイヤー 2 に渡します。プレイヤー 2 は受け取った金額のうち，いくらかをプレイヤー 1 に返すことができます。なお，あなたはプレイヤー 1 かプレイヤー 2 に割り当てられます。

この実験では，どうなることが予想されるでしょうか。ここでは，実験の終わりからさかのぼって考えてみましょう。最後に，プレイヤー 2 がプレイヤー 1 に対してお金を渡す場面があります。ここで，もしプレイヤー 2 が合理的経済人であるならば，独裁者ゲームと同様に受け取った金額をすべて自分のものにすることが予想されます。そうであれば，プレイヤー 1 はお金を渡してもメリットがありません。したがって，プレイヤー 1 はプレイヤー 2 にまったく渡さないことが予想されます。

しかし，多くの場合，プレイヤー 1 がそれなりの金額を渡すことが知られています。プレイヤー 1 が支払う額は，プレイヤー 2 に対する「信頼」の程度を反映していると考えられます。つまり，「プレイヤー 2 がプレイヤー 1 を裏切って損をさせることはない」と信じる程度を，プレイヤー 1 の支払ったポイントの多寡によって評価することができます。同様に，プレイヤー 2 については，どの程度他者の信頼に応えようとするのかを評価することができます。詳しい議論については山岸[43]などを参照してください。

それでは，実際に信頼ゲームのプログラムを作ってみましょう。

8.2 これから作成する実験プログラムの概要

本章で作成する信頼ゲームでは，プレイヤー 1 の初期保有額を 10 ポイントとし，プレイヤー 1 は 0〜10 ポイントの中から好きな金額を提案できるものとします。この提案額が 3 倍になってプレイヤー 2 に渡されます。プレイヤー 2 はこの受け取ったポイントのうち，いくらかをプレイヤー 1 に返すか決定することができます†。この状況を図 8.1 に簡単に示します。また，プログラム内容は下記のとおりです。

---

† 一般的に，信頼ゲームにおけるプレイヤー 1 の利得関数は $\pi_1 = E_1 - C_1 + C_2$，プレイヤー 2 の利得関数は $\pi_2 = XC_1 - C_2$ として表すことができます。ただし，ここでは π_1，π_2 でそれぞれプレイヤー 1 およびプレイヤー 2 の利得を，E_1 でプレイヤー 1 の初期保有額を，X で係数を，C_1 でプレイヤー 1 の支払額を，C_2 でプレイヤー 2 の支払額を示すものとします。したがって，今回の場合は $\pi_1 = 10 - C_1 + C_2$，$\pi_2 = 3C_1 - C_2$ として表すことができます。

8. 信頼ゲームを作ろう —— 表形式の出力と報酬の表示 ——

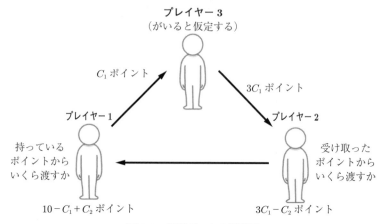

図 8.1 信頼ゲームの概要図

信頼ゲームのプログラム内容

内　容：2人プレイヤーによる信頼ゲーム

実験参加者が入力する項目：

- プレイヤー1の入力
  - プレイヤー2に渡す金額
- プレイヤー2の入力
  - プレイヤー1からもらった金額を踏まえたプレイヤー1に渡す金額

計算する項目：

- プレイヤー1からの受取額 × 3
- プレイヤー1の利得：
  (プレイヤー2への支払額) + (プレイヤー2からの受取額)
- プレイヤー2の利得：
  (プレイヤー1からの受取額) × 3 − (プレイヤー1への支払額)

ページ数：全6ページ

- Page1：インストラクションのページ
- Page2：プレイヤー1が支払額を入力するページ
- Page3：プレイヤー2がプレイヤー1の支払額の入力を待つページ
- Page4：プレイヤー2が支払額を入力するページ
- Page5：プレイヤー1がプレイヤー2の支払額の入力を待つページ
- Page6：結果を表示するページ

8.2 これから作成する実験プログラムの概要

注意すべきこと：
- プレイヤー 1 の支払額を決定して，3 倍してからプレイヤー 2 の支払額の最大値が決まる。
- そのあとにプレイヤー 2 が支払額を決定する。
- プレイヤー 2 の支払額が決定してから，プレイヤー 1 とプレイヤー 2 の利得が決定する。

実験画面のフローについて図 **8.2** に示します。今回のプログラムで気をつける点は，プレイヤー 1 の支払額を決定したあとに 3 倍にしてからプレイヤー 2 の支払額を決定する必要があるという点です。すなわち，2 回分の計算をする必要があります。ページは Page1 から Page6 までの六つのページを作成します。それぞれ，図 **8.3** から図 **8.9** までの画面を作成していきましょう。

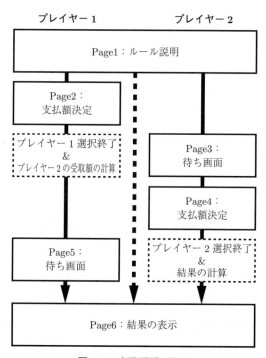

図 **8.2**　実験画面の流れ

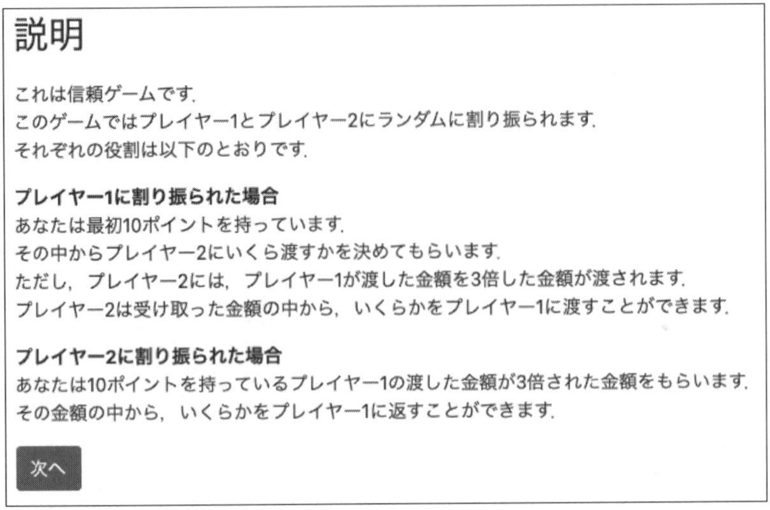

140   8. 信頼ゲームを作ろう —— 表形式の出力と報酬の表示 ——

図 8.3 Page1：インストラクション画面

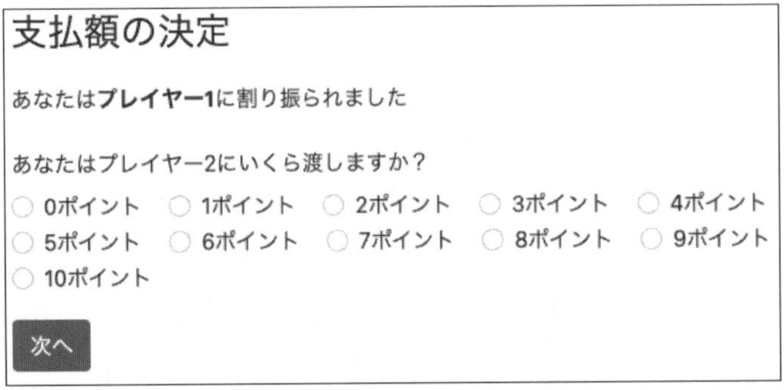

図 8.4 Page2：プレイヤー 1 の意思決定画面

図 8.5 Page3：プレイヤー 2 の待ち画面

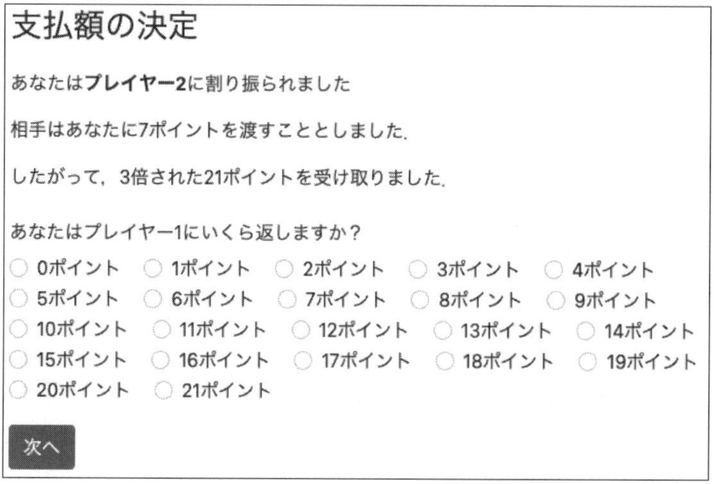

8.2 これから作成する実験プログラムの概要 141

支払額の決定

あなたは**プレイヤー2**に割り振られました

相手はあなたに7ポイントを渡すこととしました．

したがって，3倍された21ポイントを受け取りました．

あなたはプレイヤー1にいくら返しますか？

○ 0ポイント ○ 1ポイント ○ 2ポイント ○ 3ポイント ○ 4ポイント
○ 5ポイント ○ 6ポイント ○ 7ポイント ○ 8ポイント ○ 9ポイント
○ 10ポイント ○ 11ポイント ○ 12ポイント ○ 13ポイント ○ 14ポイント
○ 15ポイント ○ 16ポイント ○ 17ポイント ○ 18ポイント ○ 19ポイント
○ 20ポイント ○ 21ポイント

次へ

図 8.6 Page4：プレイヤー 2 の意思決定画面

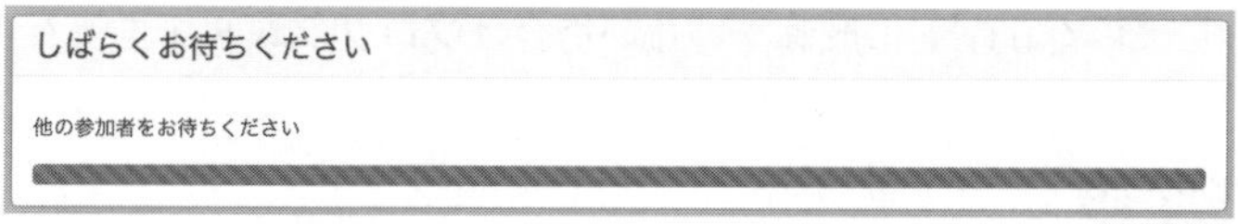

しばらくお待ちください

他の参加者をお待ちください

図 8.7 Page5：プレイヤー 1 の待ち画面

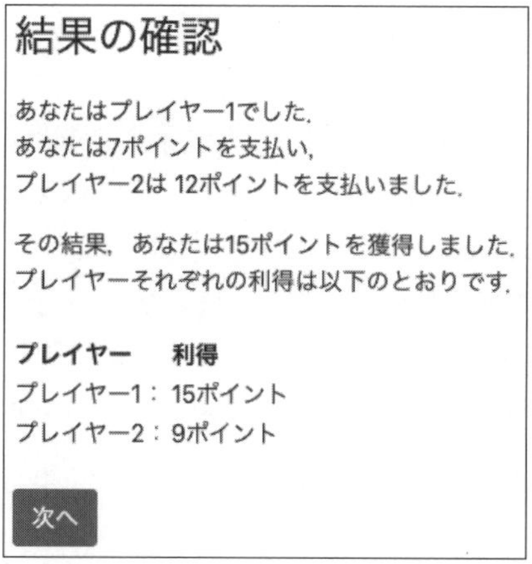

結果の確認

あなたはプレイヤー1でした．
あなたは7ポイントを支払い，
プレイヤー2は 12ポイントを支払いました．

その結果，あなたは15ポイントを獲得しました．
プレイヤーそれぞれの利得は以下のとおりです．

プレイヤー　利得
プレイヤー1：15ポイント
プレイヤー2：9ポイント

次へ

図 8.8 Page6：プレイヤー 1 の確認画面

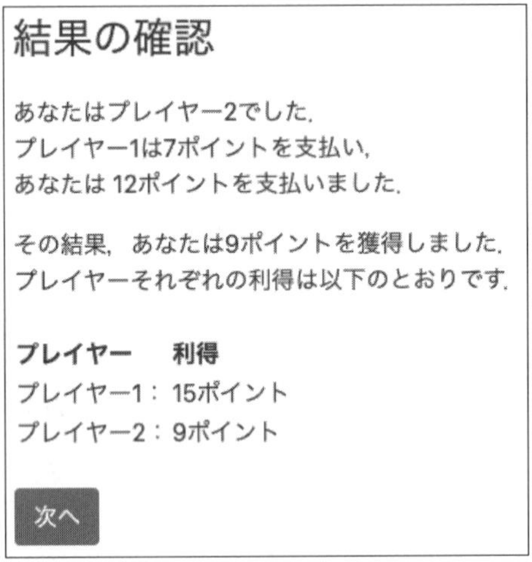

142　　8.　信頼ゲームを作ろう—— 表形式の出力と報酬の表示 ——

結果の確認

あなたはプレイヤー2でした.
プレイヤー1は7ポイントを支払い,
あなたは 12ポイントを支払いました.

その結果, あなたは9ポイントを獲得しました.
プレイヤーそれぞれの利得は以下のとおりです.

プレイヤー　　利得
プレイヤー1： 15ポイント
プレイヤー2： 9ポイント

次へ

図 **8.9**　Page6：プレイヤー 2 の確認画面

（**1**）　**oTree のアップデート**　　アップデートはインストールと同じコマンドです.しばらく oTree に触れていない場合は**プログラム 8-1** を実行しておくことをおすすめします.

プログラム 8-1（oTree のアップデート）

```
pip install -U otree
```

（**2**）　**アプリを作成する**　　最初に,フォルダの中へ移動しましょう.プログラム **8-2** を実行してください.

プログラム 8-2（otreetest フォルダへの移動）

```
cd ~/Desktop/otreetest
```

続いて,ベースとなるアプリを作成します（**プログラム 8-3**）.

プログラム 8-3（trust_trial という名前のアプリを作成）

```
otree startapp trust_trial
```

ターミナル上でプログラム 8-3 を実行すると,最低限必要なプログラムのみのアプリが作られます.なお,このあともターミナルを使いますので,閉じないでください.

8.3 アプリ作成の手順

8.3.1 MODELS の定義

（**1**） **C クラスの定義**　　まず，プログラム 8-4 を参考に，C クラスから設定します。はじめに，trust_trial フォルダ内の __init__.py を開きましょう。

プログラム 8-4 (C クラスの定義)

```
1   class C(BaseConstants):
2       NAME_IN_URL = 'trust_trial'
3       PLAYERS_PER_GROUP = 2
4       # 2 人プレイヤー
5       NUM_ROUNDS = 1
6       # 1 期のみ
7       ENDOWMENT = cu(10)
8       # プレイヤー 1 の初期保有額は 10 ポイント
9       MULTIPLIER = 3
10      # プレイヤー 3 はポイントを 3 倍にする
```

　プログラム 8-4 では基本の設定を行います。PLAYERS_PER_GROUP では同時に対戦するプレイヤーの人数を設定します。今回は 2 人プレイヤーで実施しますので，2 と設定しています。ENDOWMENT はプレイヤーに最初に割り当てられる初期保有額を示しています。今回も独裁者ゲームや最終提案ゲームと同様に，初期保有額を 10 ポイントに設定しましょう。

　また，MULTIPLIER は信頼ゲームにおける定数，すなわちプレイヤー 3 によるポイントの係数を示しています。これも C クラスで定義しておきましょう。

（**2**） **Player クラスの定義**　　続いて，Player クラスの中で，各プレイヤーに関する変数を定義します。今回は，すべてを Group クラスで定義するために，Player クラスにフィールドの定義はありません（**プログラム 8-5**）。

プログラム 8-5 (Player クラスの定義)

```
1   class Player(BasePlayer):
2       pass
```

（**3**） **Group クラスの定義**　　Group クラスは，プレイヤー同士のインタラクションがあるときに用います。今回プレイヤー同士のインタラクションが

ありますので，Group クラスにオブジェクトを定義する必要があります。今回
は，プレイヤー 1 がプレイヤー 2 に渡す金額を入力するオブジェクトと，プレイ
ヤー 2 がプレイヤー 1 に返す金額を入力するフィールドを作成しましょう（プ
ログラム 8-6）。

プログラム 8-6 (Group クラスの定義)

```
1  class Group(BaseGroup):
2      give_amount = models.CurrencyField(
3          choices = currency_range(cu(0), C.ENDOWMENT, cu(1)),
4          # プレイヤー 1 がプレイヤー 2 に渡すポイント
5          label = 'あなたはプレイヤー 2 にいくら渡しますか？',
6          widget = widgets.RadioSelectHorizontal,
7          # 水平配置のラジオボタンで選択
8      )
9      back_amount = models.CurrencyField(
10         # プレイヤー 2 がプレイヤー 1 に返すポイント
11         label = 'プレイヤー 2 はプレイヤー 1 にいくら返しますか？',
12         widget = widgets.RadioSelectHorizontal,
13         # 水平配置のラジオボタンで選択
14     )
```

give_amount には，プレイヤー 1 がプレイヤー 2 に渡す金額を入力できるよ
うにします。今回は，widget=widgets.RadioSelectHorizontal() という
定義をしています。これにより，水平に並んだラジオボタン形式で支払い金額を
入力できるようにしています。back_amount には，プレイヤー 2 がプレイヤー 1
に渡す金額を入力できるようにします。ここについての定義は，FUNCTIONS
でも行います。

（4） **Subsession クラスの定義**　Subsession クラスについては，プログ
ラム 8-7 のとおり特別に定義をすることはありません。

プログラム 8-7 (Subsession クラスの定義)

```
1  class Subsession(BaseSubsession):
2      pass
```

（5） **FUNCTIONS の定義**　FUNCTIONS は変数同士の計算を実行
する際に用います。信頼ゲームで必要な計算は，単純な四則演算だけですが，計
算を実行するタイミングに注意が必要です。

8.3 アプリ作成の手順　　145

さて，**プログラム 8-8** では，先ほどのプレイヤー 1 および 2 の利得計算の関数を定義しています。Player クラスの下に書いておくと良いでしょう。

プログラム 8-8 (FUNCTIONS の定義その 1)

```
1  def compute(group: Group):
2      p1 = group.get_player_by_id(1)
3      # プレイヤー 1 の情報を取得
4      p2 = group.get_player_by_id(2)
5      # プレイヤー 2 の情報を取得
6      p1.payoff = C.ENDOWMENT - group.give_amount + group.back_amount
7      # プレイヤー 1 の利得は初期保有額からプレイヤー 2 に渡したポイントを
8      # 引いてプレイヤー 2 から返ってきたポイントを足す
9      p2.payoff = group.give_amount * C.MULTIPLIER - group.back_amount
10     # プレイヤー 2 の利得はプレイヤー 1 から受け取ったポイントを
11     # C.MULTIPLIER 倍にして，プレイヤー 1 に返したポイントを引く
```

また，先ほど Group クラスの中で back_amount としてプレイヤー 2 の返す金額の定義を行いましたが，まだ支払いの最大値や最小値の定義は行われていません。プレイヤー 2 の支払額の最大値はプレイヤー 1 の支払額に応じて変化するものであり，最大額を事前に定義することは難しいです。そのようなときに，oTree では (フィールド名)_choices という関数を用いることで，動的に支払額を変動させることができます。プログラム 8-8 の下に，**プログラム 8-9** を書いておきましょう。

プログラム 8-9 (FUNCTIONS の定義その 2)

```
1  def back_amount_choices(group: Group):
2      return currency_range(cu(0), cu(group.give_amount * C.MULTIPLIER),
3                            cu(1))
4      # プレイヤー 2 が返すポイントの選択肢は 0 からプレイヤー 1 から受け取った
5      # ポイントを C.MULTIPLIER 倍したものまでとします
```

今回の場合では，プレイヤー 2 の支払額の幅を最小値を cu(0)，最大値を cu(group.give_amount*C.MULTIPLIER) として，その範囲内で cu(1) ずつ選択可能なようにしています。

8.3.2　html ファイルの定義

html では，具体的な項目を表示するページの内容を表示します。今回は全

部で 6 ページ構成ですので，`trust_trial` フォルダの中に 1 ページ目である
`Page1.html`，2 ページ目である `Page2.html`，4 ページ目である `Page4.html`
および 6 ページ目である `Page6.html` という html ファイルを作成します。

（ 1 ） **Page1**　プログラム **8-10** に示すように Page1 では，信頼ゲームの
概要を説明します。特に，ここではプレイヤー 1 とプレイヤー 2 で求められる
意思決定の内容が異なりますので，プレイヤー 1 の役割と，プレイヤー 2 の役
割についてそれぞれ説明を用意しています。なお，Page1 には入力画面はあり
ません。

プログラム 8-10　(Page1 の定義)

```
 1  {{ block title }}
 2      説明
 3  {{ endblock }}
 4
 5  {{ block content }}
 6  <p>
 7      これは信頼ゲームです． <br>
 8      このゲームではプレイヤー 1 とプレイヤー 2 に割り振られます． <br>
 9      それぞれの役割は以下のとおりです．
10  </p>
11  <div>
12      <B>プレイヤー 1 に割り振られた場合</B>
13      <p>
14          あなたは最初{{ C.ENDOWMENT }}を持っています． <br>
15          その中からプレイヤー 2 にいくら渡すかを決めてもらいます． <br>
16          ただし，プレイヤー 2 には，プレイヤー 1 に渡した金額を
17          {{ C.MULTIPLIER }}倍にした金額が渡されます． <br>
18          プレイヤー 2 は受け取った金額の中から，プレイヤー 1 に渡す金額を決め
19          ます． <br>
20      </p>
21      <B>プレイヤー 2 に割り振られた場合</B>
22      <p>あなたは{{ C.ENDOWMENT }}を持っているプレイヤー 1 の渡した金額が<br>
23          {{ C.MULTIPLIER }}倍にした金額が渡されます． <br>
24          その金額の中からプレイヤー 1 にいくら返すかを決めます． <br>
25      </p>
26  </div>
27      {{ next_button }}
28  {{ endblock }}
```

8.3 アプリ作成の手順　　*147*

（**2**）**Page2**　　続いて，Page2 を定義します（**プログラム 8-11**）。Page2
はプレイヤー 1 が支払額を決定します。{{ formfields }}で，提案額を入力
することになります。なお，このページはプレイヤー 1 にのみ表示され，プレ
イヤー 2 には表示されません。

プログラム 8-11　(Page2 の定義)

```
 1  {{ block title }}
 2      支払額の決定
 3  {{ endblock }}
 4
 5  {{ block content }}
 6  <p>
 7      あなたは<B>プレイヤー 1</B>に割り振られました
 8  </p>
 9      {{ formfields }}
10      {{ next_button }}
11  {{ endblock }}
```

（**3**）**Page3**　　Page3 については，html ファイルの定義はありません。
8.3.4 項にて紹介します。

（**4**）**Page4**　　続いて，Page4 を定義します（**プログラム 8-12**）。Page4 で
は，プレイヤー 2 がプレイヤー 1 に対していくら返すかを決定します。
{{ formfields }}で，プレイヤー 1 にいくら返すかを決定します。なお，こ
のページはプレイヤー 2 にのみ表示されて，プレイヤー 1 には表示されません。

　また，今回は multi_amount という変数が出てきましたが，C. や group. か
ら始まっていません。この変数については，PAGES の説明の中で解説します。

プログラム 8-12　(Page4 の定義)

```
 1  {{ block title }}
 2      支払額の決定
 3  {{ endblock }}
 4
 5  {{ block content }}
 6  <p>
 7      あなたは<B>プレイヤー 2</B>に割り振られました
 8  </p>
 9  <p>
10      相手はあなたに{{ group.give_amount }}を渡すこととしました.
```

148　8.　信頼ゲームを作ろう── 表形式の出力と報酬の表示 ──

```
11  </p>
12  <p>
13      したがって，{{ C.MULTIPLIER }}倍された{{ multi_amount }}を受け取りま
14      した.
15  </p>
16      {{ formfields }}
17      {{ next_button }}
18  {{ endblock }}
```

（5）**Page5**　Page5 については，html ファイルの設定はありません。8.3.4 項にて紹介します。

（6）**Page6**　最後に，Page6 を定義します（**プログラム 8-13**）。Page6 には結果が表示されます。特別な表記はありませんが，今回も if 文を使って，プレイヤー1かプレイヤー2かによって異なる結果の表記ができるようにしましょう。プレイヤー1は，プログラム上では id_in_group が 1 となり，プレイヤー2は id_in_group が 2 となるので，これをもとに条件分岐を設定します。

表の作成には，<table>タグを使えます†。<tr>タグで表の行を<th>タグで表のヘッダーとして「プレイヤー」と「利得」という二つの列を定義しています。{{ for p in group.get_players() }}は，同じグループに属する全プレイヤー分について表示を繰り返すための構文です。この for ループ内で各プレイヤーに対して行が生成されます。ループ内の<tr>から</tr>は，各プレイヤーに対する行を生成され，{{ p.id_in_group }}はプレイヤーのグループ内 ID を，{{ p.payoff }}はそのプレイヤーの利得を表示します。そして，{{ endfor }}で for 文を終了しています。

プログラム 8-13 (Page6 の定義)

```
1  {{ block title }}
2      結果の確認
3  {{ endblock }}
4
5  {{ block content }}
6
7  {{ if player.id_in_group == 1}}
```

---

†　もし，<table>タグなどが難しいようでしたら，これ以降の部分については飛ばしても構いません。

```
 8   <p>
 9       あなたはプレイヤー 1 でした．<br>
10       あなたは{{ group.give_amount }}を支払い，<br>
11       プレイヤー 2 は{{ group.back_amount }}を支払いました．<br>
12   </p>
13   {{ else }}
14   <p>
15       あなたはプレイヤー 2 でした．<br>
16       プレイヤー 1 は{{ group.give_amount }}を支払い，<br>
17       あなた 2 は{{ group.back_amount }}を支払いました．<br>
18   </p>
19   {{ endif }}
20   <p>
21       その結果，あなた{{ player.payoff }}を獲得しました．<br>
22       プレイヤーそれぞれの利得は以下のとおりです．
23   </p>
24   <table>
25       <tr>
26           <th><B>プレイヤー</B></th>
27           <th><B>利得</B></th>
28       </tr>
29       {{ for p in group.get_players }}
30       <tr>
31           <td>プレイヤー{{ p.id_in_group }}：</td>
32           <td>{{ p.payoff }}</td>
33       </tr>
34       {{ endfor }}
35   </table>
36   {{ next_button }}
37   {{ endblock }}
```

以上で html ファイルの設定は終了です．

8.3.3 PAGES の定義

続いて，PAGES の定義をします．__init__.py を開きましょう．今回は信
頼ゲームの利得を計算します．気をつける必要があるのは，プレイヤー 1 の提
案額を決定したあとに，プレイヤー 2 が支払うことができる金額が決定するこ
とです．

150　　8.　信頼ゲームを作ろう —— 表形式の出力と報酬の表示 ——

PAGES で設定する動作

- プレイヤー 1 の支払額を入力する
  - プレイヤー 1 にのみ画面を表示する
- プレイヤー 2 の支払額を入力する
  - プレイヤー 2 に渡される額を算出する
  - プレイヤー 2 にのみ画面を表示する

（1）　**Page1**　　プログラム **8-14** に示したとおり，Page1 では入力欄の表示や，計算などの特別な動作はありません。

プログラム 8-14 (Page1 の定義)

```
1  class Page1(Page):
2      pass
```

（2）　**Page2**　　プログラム **8-15** に示したとおり，Group クラスの入力項目ですので，form_model は group としています。また，プレイヤー 1 のみに表示したいので，下部には@staticmethod と，関数として def is_displayed (player) 以下の記述をしています。

プログラム 8-15 (Page2 の定義)

```
1  class Page2(Page):
2      form_model = 'group'
3      form_fields = ['give_amount']
4      # プレイヤー 1 がプレイヤー 2 に渡すポイントを入力する
5
6      @staticmethod
7      def is_displayed(player: Player):
8          return player.id_in_group == 1
9          # プレイヤー 1 だけがこのページを表示する
```

（3）　**Page3**　　続いて，Page3 を定義します（**プログラム 8-16**）。ここは WaitPage であり，入力する項目がないので pass としておきます。

プログラム 8-16 (Page3 の定義)

```
1  class Page3(WaitPage):
2      pass
```

（4）　**Page4**　　続いて，Page4 を定義します（**プログラム 8-17**）。Page4

ではプレイヤー 2 の受取額を算出し，プレイヤー 2 によるプレイヤー 1 への
支払額の入力を行います。また，このページにおいても Page2 と同様に，def
is_displayed(player) で player.id_in_group == 2 の設定をしており，
プレイヤー 2 にのみ画面が表示されるようになっています。

プログラム 8-17 (Page4 の定義)

```
1   class Page4(Page):
2       form_model = 'group'
3       form_fields = ['back_amount']
4       # プレイヤー 2 がプレイヤー 1 に返すポイントを入力する
5
6       @staticmethod
7       def is_displayed(player: Player):
8           return player.id_in_group == 2
9           # プレイヤー 2 だけがこのページを表示する
10
11      @staticmethod
12      def vars_for_template(player: Player):
13          group = player.group
14          return dict(
15              multi_amount = group.give_amount * C.MULTIPLIER
16          )
17      # group.give_amount を C.MULTIPLIER 倍して，multi_amount として
18      # 画面に表示できるようにする
```

multi_amount は，プレイヤー 1 が与えることとしたポイントに係数を掛けて
算出されます。この変数は vars_for_template という変数を用いて計算して
います。この関数を用いることでプログラムのバックエンドで計算されたデー
タや，ゲームの進行に必要な情報を，プレイヤーが実際に見て操作するページ
（フロントエンド）に渡して表示できます。vars_for_template はプログラム
の内部で処理された情報を Web ページ上に動的に表示するための橋渡し役を
果たしています[†]。

[†] この関数を紹介するために使いましたが，実験を行う際にはどのような計算過程を経て
いるのか事後に検証したいので，筆者はあまり使っていません。また，この関数は実験
参加者がページをリロードするとコードが再実行されることになるので注意が必要です。
データとしてダウンロードしたファイルを見たときにはすべての変数のログが残ってい
るほうが検証しやすいですがその分データファイルの列数や行数が多くなりすぎて，デー
タを確認しにくくなることがあるのでその後の処理方法も考えておく必要があります。

152　　8.　信頼ゲームを作ろう――表形式の出力と報酬の表示――

（5）**Page5**　続いて，Page5 を定義します（**プログラム 8-18**）。ここは WaitPage であり，入力する項目がないので pass としておきます。プレイヤー 2 の意思決定が終わったらすぐに，FUNCTIONS で設定した compute 関数を実行し，Page5 に進みます。

プログラム 8-18　(Page5 の定義)

```
1  class Page5(WaitPage):
2      after_all_players_arrive = compute
3      # 全プレイヤーがこのページに到達したら compute 関数を実行する
```

（6）**Page6**　最後に，Page6 を設定します（**プログラム 8-19**）。このページでは，結果の確認だけであり，入力する項目はありません。したがって，pass としておきます。

プログラム 8-19　(Page6 の定義)

```
1  class Page6(Page):
2      pass
```

（7）**表示する順番を定義する**　一番最後に画面を表示する順番を定義します。**プログラム 8-20** では，ページの表示の順番を定義しています。今回のアプリでは，形式的には Page1 から Page6 の順番で進みますので，このように表記します。

プログラム 8-20　(各ページの表示の順番の定義)

```
page_sequence = [Page1, Page2, Page3, Page4, Page5, Page6]
```

以上でアプリ内の設定は終了です。

8.3.4　SESSION_CONFIGS の定義

最後に，oTree で実験を実装するには，settings.py の中の SESSION_CONFIGS でアプリを構成する必要があり，**プログラム 8-21** のように記述します。ここでは，いままでと同様に 3, 5〜7 章で作成したアプリが設定されていることを前提として，29 行目最後のカンマと 30〜35 行目を追記して SECTION_CONFIGS を準備します。num_demo_participants は，信頼ゲームにおける最小人数として 2 を設定します。

プログラム 8-21 (SESSION_CONFIGS の定義)

```
1  SESSION_CONFIGS = [
2      dict(
3          name = 'questionaire',
4          # この構成の名前を設定します
5          display_name = "はじめてのアンケート",
6          # oTree のデモ画面で表示される名前を設定します
7          num_demo_participants = 1,
8          # デモ画面に参加する人数を設定しておく必要があります
9          app_sequence = ['questionnaire']
10         # この構成で使用するアプリケーションを設定します
11     ),
12     dict(
13         name = 'PG3',
14         display_name = "はじめての公共財ゲーム",
15         num_demo_participants = 3,
16         app_sequence = ['publicgoods_trial']
17     ),
18     dict(
19         name = 'DG',
20         display_name = "はじめての独裁者ゲーム",
21         num_demo_participants = 2,
22         app_sequence = ['dictator_trial']
23     ),
24     dict(
25         name = 'UG',
26         display_name = "はじめての最終提案ゲーム",
27         num_demo_participants = 2,
28         app_sequence = ['ultimatum_trial']
29     ),
30     dict(
31         name = 'TG',
32         display_name = "はじめての信頼ゲーム",
33         num_demo_participants = 2,
34         app_sequence = ['trust_trial']
35     )
36 ]
```

8.3.5 動作の確認

さて，自身の端末をサーバとして起動して動作を検証しましょう．先ほど用

意したターミナル上で**プログラム 8-22** を実行します。

プログラム 8-22 (サーバとして起動)

```
otree devserver
```

これで自身の端末で実験を実施することができます。http://localhost:8000/
にアクセスしてみてください。デモ画面に表示された「はじめての信頼ゲーム」
をクリックして，動作を検証しましょう。

8.4　payoff の設定とポイントの扱いについて

最後に，payoff について説明します。oTree において payoff は少し特殊な
変数としての役割を果たしています。本章で紹介した信頼ゲームを例にして，
payoff の意義について紹介します。

payoff の設定は，いままで行ってきたとおり __init__.py で行います。
payoff では，ほかの変数と同様にプレイヤーの獲得したポイントを保存する
ことができますが，それだけでなく，実験結果に応じた報酬（成果報酬）の算
出結果を実験実施者が確認しやすいように Payments タブで表示することがで
きます。

例えば，Room 機能による label を表示して，どの実験参加者にいくらを支
払うべきなのか確認することができますし，実験参加者に割り振った label と
紐づければ，実験参加者に対していくらを支払ったのかを簡単に確認すること
もできます。図 **8.10** ではプレイヤー 1 に表示される結果を，図 **8.11** ではプレ
イヤー 2 に表示される結果を示していますが，実験実施者は Payments タブよ

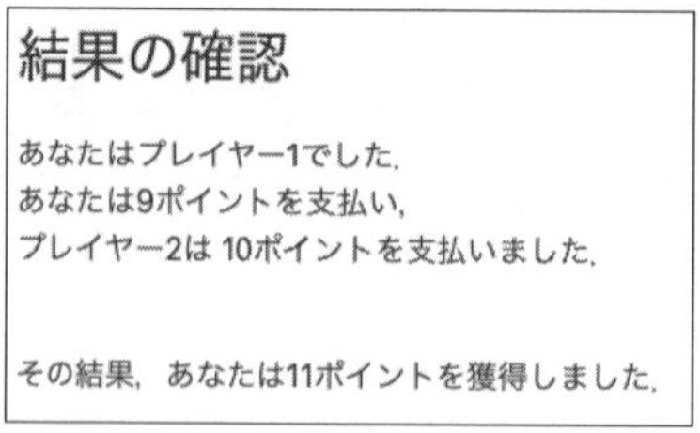

図 **8.10**　プレイヤー 1 の結果画面 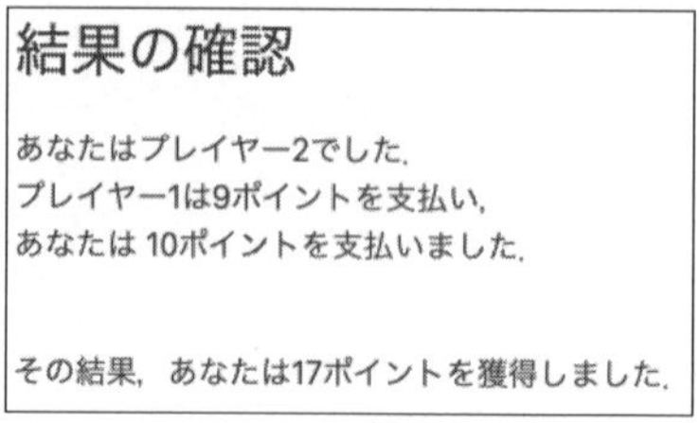　　図 **8.11**　プレイヤー 2 の結果画面

り図 **8.12** として確認することができます。

このように，実験結果に応じた成果報酬を支払うときに，結果を容易に確認することができます。また，一度行った実験のセッション全体でいくらの報酬を支払ったのかという総額や，1 人あたりの支払いの平均値を確認することができます。

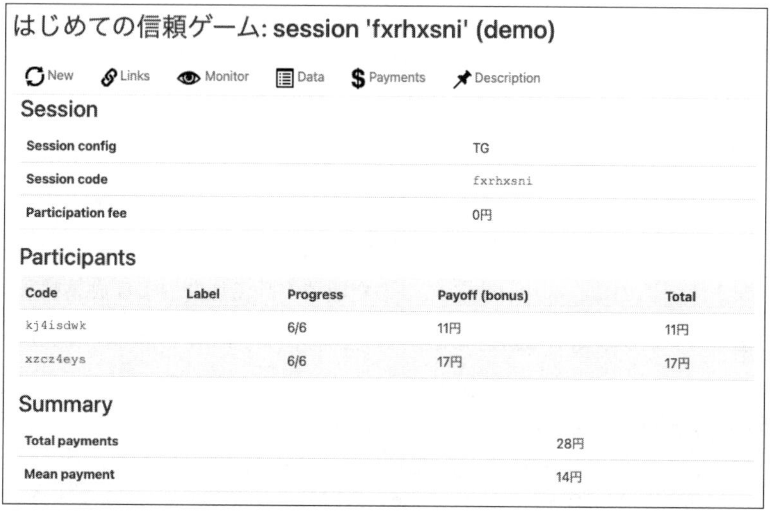

図 **8.12** Payments タブの表示

さて，実験での謝金のあり方について考えてみましょう。多くの実験では，実験参加者への謝金は「実験参加費」と「成果報酬」の 2 階建てで用意されることが多いです。

実験参加者謝金 ＝ 実験参加費 ＋ 成果報酬

実験参加費とは，実験参加者に時間を割いて実験に参加したことに対する最低限の参加費用として設定されます。一方，成果報酬とは実験参加者のパフォーマンスによって支払われる報酬（インセンティブ）のことです。経済実験では，1 章でも述べたとおり基本的には，実験参加者の選択によって支払われる報酬が変動する成果報酬を求められます。

156   8. 信頼ゲームを作ろう── 表形式の出力と報酬の表示 ──

日本国内でアルバイトとして実験に参加してもらって（一種の労働として）実験を実施するためには，実験参加者謝金がその実験実施地域の最低賃金を下回らないようにする必要があります。実験として成果報酬部分が0円になる可能性があるならば実験参加費だけで最低賃金を上回るように設定しますし，逆に成果報酬部分だけで最低賃金を確実に上回るならば，実験参加費を設定しないこともありえます。

　計算ミス等の発生を防ぐために，可能であればoTreeの中で報酬の計算もできるように準備しておくと安心できます。短い時間で報酬支払いの手続きをしなければならない場合が多いので，情報処理の負荷を減らすためにも事前に準備をしておいたほうが良いでしょう。実験参加費等に関する設定は，settings.pyで行います。settings.pyの中にはSESSION_CONFIG_DEFAULTSという項目があります。この項目の中にある二つの変数で実験参加費および成果報酬を設定します（プログラム8-23）。なお，4章で紹介したRooms機能のConfigure sessionでも設定することができます。

プログラム 8-23 (報酬に関する settings.py の定義)

```
1  SESSION_CONFIG_DEFAULTS = dict(
2      real_world_currency_per_point = 1.00,
3      # 1 ポイントあたりの現実の通貨の価値を設定します
4      participation_fee = 0.00,
5      # 参加報酬を設定します
6      doc=""
7  )
```

participation_feeでは実験参加費を設定できます。ここはsettings.pyで別項目として設定しているREAL_WORLD_CURRENCY_CODEをJPYにしておけば，日本円での実験参加費を表示できます。

　また，real_world_currency_per_pointでは成果報酬における1ポイントあたりの換算額を設定することができます。実験を実施する際には，実験の性質に合わせてゲーム内における1ポイントを一定の日本円に変換して成果報酬とすることになります。例えば，ここで0.5にしたら，実験内で100ポイントは50円に換算されますし，10にしたら100ポイントは1,000円に換算されます。

すべてのプログラム　　157

　この辺の設定や画面をうまく利用することで，実験のオペレーションを効率的に行うことができますし，些細なエラーをなくすこともできます。必要に応じて工夫しながら実験を行いやすいようにしましょう。

　最後に，章末問題を用意しました。実際にコードをいろいろいじりながら，試してみましょう。

章 末 問 題

【1】 Page1.html で記述したインストラクションは最低限のルールを示したものであり，十分にわかりやすいものとは言えません。各自でわかりやすいインストラクションを作成してみましょう。

【2】 結果のページをもっとわかりやすいように作り変えてみましょう。

【3】 信頼ゲームにおける係数がほかの値であるときを試してみましょう。

【4】 10 期繰り返し信頼ゲームを作成してみましょう。

【5】 ランダムマッチングを行う繰り返し信頼ゲームを作成してみましょう。

【6】 信頼ゲームのデータの入力方法をほかの形式に変更してみましょう。

【7】 参加報酬を 500 円，1 ポイントあたりの換算額を 50 円に設定してみましょう。

すべてのプログラム

　プログラム 8-24 からプログラム 8-28 では，本章で扱ったプログラムをすべて示しますので，改めて確認してください。

プログラム 8-24 (__init__.py, プログラム 8-4 から 8-9 およびプログラム 8-14 から 8-20)

```
1  from otree.api import *
2
3
4  doc = """
5  はじめての信頼ゲーム
6  """
7
8
```

```python
9    class C(BaseConstants):
10       NAME_IN_URL = 'trust_trial'
11       PLAYERS_PER_GROUP = 2
12       # 2 人プレイヤー
13       NUM_ROUNDS = 1
14       # 1 期のみ
15       ENDOWMENT = cu(10)
16       # プレイヤー 1 の初期保有額は 10 ポイント
17       MULTIPLIER = 3
18       # プレイヤー 3 はポイントを 3 倍にする
19
20   class Subsession(BaseSubsession):
21       pass
22
23   class Group(BaseGroup):
24       give_amount = models.CurrencyField(
25           choices = currency_range(cu(0), C.ENDOWMENT, cu(1)),
26           # プレイヤー 1 がプレイヤー 2 に渡すポイント
27           label = 'あなたはプレイヤー 2 にいくら渡しますか？',
28           widget = widgets.RadioSelectHorizontal,
29           # 水平配置のラジオボタンで選択
30       )
31       back_amount = models.CurrencyField(
32           # プレイヤー 2 がプレイヤー 1 に返すポイント
33           label = 'プレイヤー 2 はプレイヤー 1 にいくら返しますか？',
34           widget = widgets.RadioSelectHorizontal,
35           # 水平配置のラジオボタンで選択
36       )
37
38   class Player(BasePlayer):
39       pass
40
41
42   def compute(group: Group):
43       p1 = group.get_player_by_id(1)
44       # プレイヤー 1 の情報を取得
45       p2 = group.get_player_by_id(2)
46       # プレイヤー 2 の情報を取得
47       p1.payoff = C.ENDOWMENT - group.give_amount + group.back_amount
48       # プレイヤー 1 の利得は初期保有額からプレイヤー 2 に渡したポイントを引いて
49       # プレイヤー 2 から返ってきたポイントを足す
```

```python
50      p2.payoff = group.give_amount * C.MULTIPLIER - group.back_amount
51      # プレイヤー 2 の利得はプレイヤー 1 から受け取ったポイントを
52      # C.MULTIPLIER 倍にして，プレイヤー 1 に返したポイントを引く
53
54  def back_amount_choices(group: Group):
55      return currency_range(cu(0), cu(group.give_amount * C.MULTIPLIER),
56                            cu(1))
57      # プレイヤー 2 が返すポイントの選択肢は 0 からプレイヤー 1 から受け取った
58      # ポイントを C.MULTIPLIER 倍したものまでとします
59
60
61  # PAGES
62  class Page1(Page):
63      pass
64
65  class Page2(Page):
66      form_model = 'group'
67      form_fields = ['give_amount']
68      # プレイヤー 1 がプレイヤー 2 に渡すポイントを入力する
69
70      @staticmethod
71      def is_displayed(player: Player):
72          return player.id_in_group == 1
73          # プレイヤー 1 だけがこのページを表示する
74
75  class Page3(WaitPage):
76      pass
77
78  class Page4(Page):
79      form_model = 'group'
80      form_fields = ['back_amount']
81      # プレイヤー 2 がプレイヤー 1 に返すポイントを入力する
82
83      @staticmethod
84      def is_displayed(player: Player):
85          return player.id_in_group == 2
86          # プレイヤー 2 だけがこのページを表示する
87
88      @staticmethod
89      def vars_for_template(player: Player):
90          group = player.group
```

160　　8.　信頼ゲームを作ろう── 表形式の出力と報酬の表示 ──

```
91          return dict(
92              multi_amount = group.give_amount * C.MULTIPLIER
93          )
94      # group.give_amount を C.MULTIPLIER 倍して，multi_amount として画面に
95      # 表示できるようにする
96
97  class Page5(WaitPage):
98      after_all_players_arrive = compute
99      # 全プレイヤーがこのページに到達したら compute 関数を実行する
100
101  class Page6(Page):
102      pass
103
104  page_sequence = [Page1, Page2, Page3, Page4, Page5, Page6]
```

プログラム 8-25 (Page1.html，プログラム 8-10)

```
1   {{ block title }}
2       説明
3   {{ endblock }}
4
5   {{ block content }}
6   <p>
7       これは信頼ゲームです．<br>
8       このゲームではプレイヤー 1 とプレイヤー 2 に割り振られます．<br>
9       それぞれの役割は以下のとおりです．
10  </p>
11  <div>
12      <B>プレイヤー 1 に割り振られた場合</B>
13      <p>
14          あなたは最初{{ C.ENDOWMENT }}を持っています．<br>
15          その中からプレイヤー 2 にいくら渡すかを決めてもらいます．<br>
16          ただし，プレイヤー 2 には，プレイヤー 1 に渡した金額を
17          {{ C.MULTIPLIER }}倍にした金額が渡されます．<br>
18          プレイヤー 2 は受け取った金額の中から，プレイヤー 1 に渡す金額を決め
19          ます．<br>
20      </p>
21      <B>プレイヤー 2 に割り振られた場合</B>
22      <p>あなたは{{ C.ENDOWMENT }}を持っているプレイヤー 1 の渡した金額が<br>
23          {{ C.MULTIPLIER }}倍にした金額が渡されます．<br>
24          その金額の中からプレイヤー 1 にいくら返すかを決めます．<br>
25      </p>
```

すべてのプログラム　　161

```
26    </div>
27        {{ next_button }}
28    {{ endblock }}
```

プログラム 8-26 (Page2.html，プログラム 8-11)

```
1    {{ block title }}
2        支払額の決定
3    {{ endblock }}
4
5    {{ block content }}
6    <p>
7        あなたは<B>プレイヤー 1</B>に割り振られました
8    </p>
9        {{ formfields }}
10        {{ next_button }}
11    {{ endblock }}
```

プログラム 8-27 (Page4.html，プログラム 8-12)

```
1    {{ block title }}
2        支払額の決定
3    {{ endblock }}
4
5    {{ block content }}
6    <p>
7        あなたは<B>プレイヤー 2</B>に割り振られました
8    </p>
9    <p>
10        相手はあなたに{{ group.give_amount }}を渡すこととしました.
11    </p>
12    <p>
13        したがって，{{ C.MULTIPLIER }}倍された{{ multi_amount }}を受け取りま
14        した.
15    </p>
16        {{ formfields }}
17        {{ next_button }}
18    {{ endblock }}
```

プログラム 8-28 (Page6.html，プログラム 8-13)

```
1    {{ block title }}
2        結果の確認
```

```
3   {{ endblock }}
4
5   {{ block content }}
6
7   {{ if player.id_in_group == 1}}
8   <p>
9       あなたはプレイヤー1でした. <br>
10      あなたは{{ group.give_amount }}を支払い, <br>
11      プレイヤー2は{{ group.back_amount }}を支払いました. <br>
12  </p>
13  {{ else }}
14  <p>
15      あなたはプレイヤー2でした. <br>
16      プレイヤー1は{{ group.give_amount }}を支払い, <br>
17      あなた2は{{ group.back_amount }}を支払いました. <br>
18  </p>
19  {{ endif }}
20  <p>
21      その結果, あなた{{ player.payoff }}を獲得しました. <br>
22      プレイヤーそれぞれの利得は以下のとおりです.
23  </p>
24  <table>
25      <tr>
26          <th><B>プレイヤー</B></th>
27          <th><B>利得</B></th>
28      </tr>
29      {{ for p in group.get_players }}
30      <tr>
31          <td>プレイヤー{{ p.id_in_group }}: </td>
32          <td>{{ p.payoff }}</td>
33      </tr>
34      {{ endfor }}
35  </table>
36  {{ next_button }}
37  {{ endblock }}
```

9

バーチャルラボ実験の課題

　さて，最後の章となる 9 章では，社会科学実験でも特にバーチャルラボ実験に着目して，課題を検討します。バーチャルラボ実験で考慮しなければならないことはたくさんありますが，はじめにラボ実験を中心として社会科学実験を行うときに一般的に注意すべき事柄を紹介します。その上で，特にバーチャルラボ実験全般およびクラウドソーシング実験の課題について実験参加者の行動という観点と，実験のモラルという二つの観点から事前に検討すべき課題を整理します。

9.1　社会科学実験全般で注意すること

はじめに，社会科学実験全般で注意すべきことを紹介します。

9.1.1　ラボ実験での留意事項

　バーチャルラボ実験について言及する前に，その比較として一般的なラボ実験における留意事項を簡単に箇条書きでまとめました。どのような実験においても，**表 9.1** のような課題があることを心に留めて，実験を計画すると良いでしょう。

　いずれも重要な課題でありますが，倫理的配慮については 9.3 節において詳述します。

　ラボ実験を含めて，社会科学実験を行う際にはインセンティブと参加者のプライバシー保護の関係が重要です。成果報酬を支払う場合，その実験の性質上個人を特定した情報が必要です。したがって，個人情報と個人の実験データを照合して謝金を支払う手続きを行わなければなりません。そのために，実験参

164　　　9.　バーチャルラボ実験の課題

表 9.1　一般的なラボ実験における留意事項

留意事項	解　説
倫理的配慮	参加者への説明同意のプロセスを適切に行い，実験は所属機関等の倫理的基準に則って行う必要があります。
実験参加者のプライバシー保護	実験参加者の個人情報を十分に保護する必要があります。実験データを扱う際は匿名化加工を行い，個人を特定できる情報は公開しないなどの配慮が必要です。
外的妥当性	実験で得られた結果が，必ずしもさまざまな状況に一般化できるとは限りません。どのような実験環境であっても，一定の制御されていますが，現実世界でも完全に再現できるとは限りません，したがって，つねに実験の外的妥当性には課題が残ります。
内的妥当性	実験の設計や実施方法の問題が結果に影響を与える可能性があります。例えば，実験参加者に対する説明の仕方が異なると，実験参加者の理解が異なってしまい，実験結果に影響を与える可能性があります。
インセンティブ設計	仕組みを理解しようとする社会科学実験においては，参加者への報酬やインセンティブのシステムは事前に明確にし，すべての参加者に公平に適用されることを説明する必要があります。また，報酬が大きすぎると日常の意思決定から大きく乖離した行動になる可能性がありますし，小さすぎると真剣に取り組まない可能性もあります。インセンティブは参加者の行動に大きな影響を与えるため，実験参加者が置かれている状況等を考慮して，適切な設計が必要です。
実験環境の整備	実験環境は，実験の目的に応じて適切に整備する必要があります。できるだけ環境を統一し，実験参加者が集中できる環境を準備しなければいけません。
インストラクションのわかりやすさ	実験の指示は明確で理解しやすいものでなければなりません。場合によっては，実験参加者がルールや目的を正確に理解していることを確認することも必要です。できる限り，実験参加者の疑問や不明点を実験開始前に解消しておいたほうが良いでしょう。
実験の透明性	実験の過程と結果はわかりやすく記録・報告する必要があります。データの取扱いや分析においても，あとから追跡・検証ができるようにしておきましょう。
学習効果	類似した実験を行う場合，参加者が過去の実験から学習しその経験をもとに行動を変える可能性があります。類似した実験に同じ実験参加者が参加しないように配慮する必要もあるでしょう。

加者にはそのような事情を説明して，一定の期間が経ったら個人情報を廃棄するといった処理を行います。

9.1.2　オンラインラボ実験での留意事項

続いて，オンラインラボ実験における留意事項を簡単にまとめておきます。

9.1 社会科学実験全般で注意すること   165

表 9.2   オンラインラボ実験における留意事項

留意事項	解　説
技術的な問題への対応	参加者が使用するデバイスやインターネット接続の質にばらつきがあるため，これらが実験結果に影響を与えないようにするための対策が必要があります。
十分なインストラクション	物理的に近い距離にいるわけではないので，実験参加者は実験実施者に質問がしにくいかもしれません。そのために，実験を理解しやすいようにインストラクションを作り込む必要があります。
GDPR への対応	海外（特に EU）にいる方が実験を実施したり，実験参加者として含まれる場合には **GDPR**（General Data Protection Regulation, **一般データ保護規則**）を確認する必要があります。透明性，同意の取得，データ保護，データ主体の権利の確認など留意すべき点がありますので，実験を実施する前には，政府の個人情報保護委員会の Web ページなどから留意すべき事項を確認しておきましょう。

　オンラインラボ実験を実施する際には，ラボ実験での留意事項に加えて，さらに**表 9.2** の項目にも留意しましょう。

　オンラインラボ実験で配慮すべきことは，基本的にはラボ実験と変わりません。ただ，実験参加者が遠隔地にいるということは改めて心に留めておく必要があるでしょう[†]。ラボ実験であれば，口頭で一言説明すれば良いようなことであっても，実験参加者が遠隔地にいるオンラインラボ実験ではそのようなことが難しい場合もあります。そのため，実験のインストラクション等を含めて，より丁寧に準備する必要があります。

9.1.3　クラウドソーシング実験での留意事項

　続いて，クラウドソーシング実験で気をつけるべき点を整理しましょう。ラボ実験，オンラインラボ実験での留意事項に加えて，**表 9.3** の項目にも気をつけましょう。

　基本的に，オンラインラボ実験で配慮すべきことと同じです。ただ，クラウドソーシング実験では，実験参加者が遠隔地にいるということに加えて，実験

[†]　特にラボ実験に慣れ親しんだ方は注意する必要があります。

166　　9.　バーチャルラボ実験の課題

表 **9.3**　クラウドソーシング実験における留意事項

留意事項	解　　説
参加者の多様性	クラウドソーシングは，異なる背景を持つ幅広い参加者にアクセスできるメリットがありますが，サンプルの偏りに注意する必要があります。例えば，実験参加者が特定の地域や特定の人口統計的特徴に偏っている可能性があるので，分析時に社会経済的要因をダミー変数として投入するなど適切なデータ処理が必要です。
データ品質の管理	クラウドソーシング参加者は，報酬を得るために最小限の労力でタスクを完了しようとする傾向があるため，データの品質が低下する可能性があります。特に同時に複数のタスクがあるとつぎからつぎへとタスクをこなそうとします。そのために後述の satisfice 問題が生じ得ます。しっかり実験を設計し，チェック問題や注意確認クイズを用いて参加者がどの程度真剣に答えているのか評価することが重要です。
繰り返し参加者の管理	結果の信頼性を担保するため繰り返し同じ実験に参加することを防ぐための適切な管理が必要です。
サンプリングバイアス	クラウドソーシングプラットフォームのユーザは一般人口を完全に代表しているわけではありません。ラボ実験より改善している可能性はあるかもしれませんが，サンプリングバイアスが生じる可能性があります。RCT により比較をするには問題はないと考えられますが，研究の妥当性に影響を及ぼす可能性を考慮に入れる必要があります。
特にわかりやすいインストラクションの作成	実験参加者は遠隔地におり個別対応はオンラインラボ実験以上に難しいために，実験のインストラクションはわかりやすくする必要があります。また，参加者が実験の目的を誤解しないようにするために，できるだけわかりやすい実験デザインを用いるようにすることがおすすめです。

参加者が数十〜数百人単位で集まるように設計することもあります。そのような場合には，実験参加者が実験を理解するのに十分にわかりやすいインストラクションを用意する必要があります[†]。

また，クラウドソーシングを用いた実験では，**satisfice 問題**と呼ばれる問題が生じることがあります[48),49)]。これは，実験参加者が払うべき注意を十分に

[†] これは筆者の個人的な印象と感覚によるものですが，大学生を対象としたラボ実験やオンラインラボ実験よりもわかりやすいインストラクションを用意する必要があるような印象を抱いています。その場で直接質問等の対応ができないために，より親切に作成しておくと良いでしょう。

払わないことによって生じる問題であり，**努力の最小限化問題**とも言われ，説明文をきちんと読んで説明を理解しようとせずに，不十分な理解のもとに回答して報酬を得ようとする一種のフリーライドのような行動を行うことを指します。これは，ラボ実験やオンラインラボ実験でも生じる可能性があります。しかし，クラウドソーシング実験では特に注意が必要です[†1]。

正直に言うと，何が最善の対応策なのかまた悩んでいます。例えば，ほかのタスクよりも圧倒的に報酬を高くして，じっくり実験に参加してもらうようにするという手もあるかもしれませんが，それでもほかのタスクへの参加するインセンティブはゼロにならないので報酬を高くするというのは決定的な対応策ではないでしょう。また，クラウドソーシング市場の報酬よりも高くすることによって市場全体の動きがおかしくなったり，実験結果にバイアスが生じてしまう可能性も否定できません。

ただ，少なくとも先行研究を踏まえるとまずはよく読ませるような介入の工夫が必要でしょう。技術的な介入は可能なのかもしれません。例えば，筆者は実験の際には**intro.js**[†2]というチュートリアルシステムを導入して，強制的によく読ませるような仕組みを導入したりしています（付録 A.8.3 項）。

9.2　バーチャルラボ実験一般に関わる課題

続いて，本節ではバーチャルラボ実験が抱える課題について検討します。ここでは，特に，ラボ実験では問題になることがなかった回答環境のあいまい性，

[†1]　先述のとおり，クラウドソーシングでは，多くの場合，一つの実験だけではなく複数のタスクが同時に公開されていることがあります。その場合，タスクを効率的にこなして，複数のタスクを実施したほうが多くの報酬を得られると考えられるでしょう。すなわち，十分な注意を払わずにつぎからつぎへと課題をこなしたほうが自身の利益を最大化できると考えている可能性があります。これはクラウドソーシング特有の構造的な課題かもしれません。ラボ実験やオンラインラボ実験では複数のタスクに参加することは難しいので，つぎからつぎへと複数の実験に参加するようなことは想定しにくいのでこのような問題はあまり気にしなくて良かったのでしょう。ただし，現在進行中の研究では，学生を対象とするよりもクラウドソーシングでの実験参加者の回答品質が高いという結果も得られており，今後の研究が待たれます。

[†2]　https://introjs.com/

168   9. バーチャルラボ実験の課題

回答端末の差異，途中離脱という三つについて問題と対応策の観点から検討します。

9.2.1 回答環境のあいまい性

（1）問　　題　　回答環境のあいまい性とは，実験参加者がどのような状況で実験に参加しているかどうかがわからないということです。ラボ実験においては，ラボに集まって同時に実験に参加してもらうために，座席の位置などの多少の違いはあれども，基本的に同一の環境に整えられています。また，1章で示した写真のように実験者の間は仕切られていて，お互いの行動が見えないような状況が確保されています。しかし，バーチャルラボ実験では環境が異なる可能性があり，その差異が実験結果に影響を与える可能性もあります。例えば，自宅の自室で答えている可能性もあれば，電車の移動中などに回答しているかもしれません。

（2）対　応　策　　回答環境の統制はかなり難しい問題です。バーチャルラボ実験において，実験参加者の回答環境を揃えることは難しいでしょう。数人の実験参加者を対象とするのであれば，一人ひとりの環境をビデオカメラ等で確認することは可能かもしれません。しかしながら，同時に数十〜数百人単位で実験を実施するような場合には，実験参加者の環境を確認することは困難です。そもそも，実験参加者の現在置かれている状況を完璧に確認することはプライバシーの観点からも問題があります。

実際には，「できるだけ静穏な環境で（PCを使って）実験に参加してください」とお願いすることが限界でしょう。それ以上の対応は難しいように思います。したがって，バーチャルラボ実験を行う際には，実験環境を完全に統制することが困難であるという前提に立つしかありません。実際の実験の介入の効果のみならず，実験参加者の置かれている環境などさまざまな要因が影響することで，誤差が大きくなることを想定して，実験を計画する必要があります。さらに，そのようなさまざまな要因の影響により実験の介入の効果が小さくなると想定されること，多種多様な社会経済的要因の影響があり得ることなどから

実験参加者を多めに確保するといったことが必要かもしれません[†1]。

しかし，クラウドソーシング実験は RCT の観点から考えると，従来のラボ実験やオンラインラボ実験よりも実験参加者をランダマイズできていると考えられます。ラボ実験では実験参加者同士が知人同士である可能性があるかもしれません，しかし，クラウドソーシング実験では日本全国から実験参加者を募集できるために，知人同士がマッチングされる可能性は非常に低いでしょう。さらに，さまざまな社会経済的属性を有したプレイヤー同士によるプレイも可能となるために，実験参加者同士の社会経済的要因についてもランダマイズされたゲーム実験が可能となります。そのような観点から考えれば，従来のラボ実験よりも匿名性が高く，実験環境として適している側面もあるのではないでしょうか[†2]。

9.2.2　回答端末の差異

（1）問　　題　　回答環境のみならず，回答端末も統制することが困難です。例えば，ディスプレイの大きさが実験結果に影響を与える可能性があります。数人規模であれば，実験に利用する端末を揃えることは可能でしょう。非常に大きな時間的コストが掛かりますが，端末を郵送するなどの対応をすることで統制できるでしょう。しかし，数十〜数百人といった規模で実験を実施するのであれば，全員に同時に同一の端末を用意することは現実的ではありません[†3]。

[†1]　実験参加者を多めに確保することは，後述する途中離脱の問題の観点からも非常に重要です。

[†2]　実験環境の統制困難性から，クラウドソーシングに複数のアカウントを登録することによる同一人物による複数回参加が懸念されるかもしれません。しかし，クラウドソーシングでは回答の品質を保証するために，アカウントの不適切な運用を行うユーザを排除したり，外部サービスのアカウントと一対一対応を行っているために，十分な対応はなされていると考えられます。例えば，Yahoo!クラウドソーシングでは，一つのYahoo!JapanID に対して，一つの PayPay アカウント連携するように設計されています。また，技術的には IP アドレスを取得して，同一 IP アドレスのデータを削除するといった対応も可能です。

[†3]　(実験に掛けるコスト) < (実験結果から得られる利益) であれば実施する価値はあるかもしれませんが，なかなか難しいでしょう。

実際は，各自が保有している端末で実験に参加してもらうことになるでしょう。したがって，実験に参加するために利用する端末を揃えることも困難です。

（2）対　応　策　端末の大きな違いに対応するには，二つの方法があると考えられます。一つは，先述のとおり回答する端末を限定する方法があります。例えば，クラウドソーシング実験を行う際には，サービスによっては回答端末を指定することができます。これは一つの解決策かもしれません。

もう一つは，どんな端末でも対応できるようにプログラムを用意する方法です。oTree はレスポンシブ **Web** デザイン[†]に対応しています。そのために，基本的に PC のブラウザ上で動作を確認しておけば問題ないかと思います。

ただし，筆者はいつも，Google Chrome をメインに作成しながら，デベロッパーツールで iPhone や Android のスマートフォンでどのように表示されるか確認をしています。基本的にスマートフォンでの表示画面を確認しなくても大きな問題が生じることはないのですが，表を作成したり，図や写真を埋め込んだりする際には画面を確認しておくと良いでしょう。

9.2.3　途　中　離　脱

途中離脱とは実験参加者が途中で実験を中止してしまうことを指します。普通のアンケートなどではデータが取れないだけの問題で済みますが，実験参加者間でインタラクションのある実験を実施するためには，途中離脱は特に大きな障壁となります。

（1）問　　題　通常の実験・調査においても途中離脱は，サンプリングされた実験参加者集団が全体の様子を反映していないというセレクションバイアスにつながる可能性もあるために問題となります。しかし，プレイヤー同士のインタラクションのある実験においては，もっと大きな問題となってしまいます。ここでは，その問題点について，実験参加者のモチベーションとデー

[†]　ユーザの利用する端末に合わせて，表示する画面を変更する方法です。おおよそ，デスクトップ版の Web ページをもとに，ユーザの画面サイズや Web ブラウザに応じて表示するようにできる方法のことを言います。

タ収集の効率性という 2 点から検討します。

3 人グループで公共財ゲーム実験などを行った場合, 1 人でも途中離脱をしてしまった場合には, ほかの 2 人の実験の進行も強制的に止められてしまいます。強制的に進行を止められたプレイヤーは自身の意図にかかわらずに実験を終了させられたことに不満を抱き, 今後, 同じ実験実施者による実験への参加のモチベーションが低下するおそれがあります。その結果, 今後の実験での参加者を十分に確保できなくなるおそれがあります。

データ収集の効率性という観点からは, 1 人でも途中離脱をしてしまった場合には, 残り 2 人分のデータも収集できなくなってしまいます。つまり, 1 人の途中離脱によって, 3 人分のデータが失われてしまうことになってしまいます。

したがって, 極力, 途中離脱を抑制しなければなりませんし, 万が一実験参加者が途中離脱をしたとしても, 同じグループのほかの実験参加者が実験の継続可能な環境を構築する必要があります。ここでは, 途中離脱について意図的な途中離脱と非意図的な途中離脱という二つの観点から整理してみましょう。

a)　意図的な途中離脱　　意図的な途中離脱とは, 実験（結果）が気に入らなかったり実験に飽きてしまうなどの何らかの理由で, 途中で実験を辞めてしまうことを指します。バーチャルラボ実験でも, オンラインラボ実験として学校などの社会的ネットワークを通じて, 実験参加者をリクルートしている分にはさほど多く観察されないかもしれません。しかし, そのような社会的ネットワークなどに縛られないクラウドソーシング実験では, 意図的な途中離脱は生じる可能性が高いでしょう。ただし, 一般的に実験参加者の権利として, いつでも実験を途中で中断してもよく, 不利益を被らないことを保証することが必要です[44]。したがって, ある程度の意図的な途中離脱が生じることを前提として実験参加者の権利を守るために, 事前に対応策を検討する必要があります。

b)　非意図的な途中離脱　　もう一つは非意図的な途中離脱です。非意図的な途中離脱とは急用やトイレなどによる退出など, 離脱せざるを得ないような状況が発生した場合があります。ほかにも, ネットワーク不良によってインターネットに接続できなくなる状況などが生じるでしょう。いずれにしろ, 実験参

加者が意図しない理由による途中離脱は避けられません。

（**2**）**対 応 策**　このような途中離脱にはどのように対応すれば良いでしょうか†。途中離脱の問題に対する完璧な対応は非常に困難です。しかしながら，大きく三つの対応方針が考えられます。一つは途中離脱の抑制，二つ目は途中離脱発生時にも継続可能な環境の構築，そして三つ目は途中離脱を前提としたデータ処理の計画立案です。

はじめに，途中離脱の抑制です。意図的な途中離脱を抑制するために，わかりやすいインストラクションを用意して，わかりやすい説明を行うことが重要でしょう。実験に対して十分に理解してもらうことで実験参加者の途中離脱を抑制できるかもしれません。また，インセンティブの設計も重要でしょう。例えば，ゲーム実験での結果がインセンティブの観点から望ましいものではなかった場合，実験参加者は途中で辞めてしまうかもしれません。そのような状況を防ぐためには最低限の参加報酬をある程度の金額にしておく必要があります。また，サーバの動作が原因となる途中離脱も考えられます。処理が遅いとやめたくなるかもしれませんし，そもそもアクセス過多に伴うサーバ不調により，実験を途中で中断せざるを得ない場合も考えられます。サーバを十分なスペックのものにしておく必要がありますし，実験参加者に実験参加の同意を得る際に，併せてネットワーク環境についても確認しておくことも有効でしょう。

二つ目に，途中離脱発生時にも実験継続可能な環境の構築です。例えば，7章で紹介した一つの画面で解答時間を制限する時間制約や，制約時間内に意思決定が行われなかった場合の自動回答は有用な手法です。例えば，入力のなかった項目に対してランダムな回答を入力することでゲーム実験を進められるよう

---

†　MTurk などの一部のクラウドソーシングでは「タスク発注者（実験実施者）とタスク実施者（実験参加者）」の間で相互評価をするようなシステムもあります。しかし，個人的にはバーチャルラボ実験という観点からはこのシステムにはいまのところ懐疑的です。ほかのプレイヤーの途中離脱による不満足感など，実験実施者の原因によらない原因による低い評価が与えられる可能性もあります。また，その相互評価が一種のメタゲームとしての役割を果たしてしまい，実験として提示しているゲームとは異なったインセンティブ構造のあるゲーム状況として理解されてしまう可能性があるように思います。

9.2 バーチャルラボ実験一般に関わる課題　　173

にシステムを構築します[†1]。これにより，インタラクションのあるゲームにおいて，途中で同じグループであった実験参加者が途中離脱をしたとしても途中で中断することなく，最後まで実験を続けることが可能となります。

最後に，途中離脱の発生を前提としたデータ処理計画です[†2]。実際に分析を行う際には，途中離脱者や途中離脱が発生したグループのデータを抜いてそのまま分析を行う，途中離脱者データを抜いた上で離脱者ありグループダミー変数を設定して分析をするなどの対応策が考えられます。

しかし，途中離脱というものの性質を考えてみると，もう少し異なる対応の仕方もあるかもしれません。一般的に，データの欠損の種類には，ランダムに欠損する **MCAR**（missing completely at random），応答変数を条件づけたときにランダムな欠損として扱うことができる **MAR**（missing at random），応答変数を条件づけたとしてもランダムな欠損として扱うことができない **NMAR**（not missing at random）の 3 種類があります。

欠損が生じた場合は，その欠損の種類に合わせて，欠損がある個人のデータをすべて削除して分析する**リストワイズ除去法**や，対象となる変数に欠損値があるデータを，その分析からのみ削除する**ペアワイズ除去法**のような削除による対応と，欠損値が一つの変数に対してのみ存在する場合に使用される**一変量代入法**や，複数の変数間で欠損がある場合に使用される**多重代入法**などによる**欠損値補完**という方法が考えられます。

複数人グループによる実験の場合は，1 人のデータが欠損すると，そのグループのデータも削除することが多いですが，そのグループ自体がランダムに割り振られているために，グループ全体のデータを削除したとしてもグループレベルではランダム性は保たれていると考えられます。そのために，削除して分析することが多いのですが，データの効率性という観点からは非効率的かもしれません。単純にすぐに離脱者がいるデータを削除するだけでなく，欠損値補完

[†1] ここでは「ランダムな回答」としていますが，ランダムな数字を回答することもできれば，過去の平均値や別の実験などから得られている平均値を回答することもできるでしょう。また，LLM（大規模言語モデル）などを用いた回答を返すことも可能です。
[†2] 欠損値処理については，専門書を参考にしてください[45]~[47]。

174   9. バーチャルラボ実験の課題

による分析などの可能性も考える必要があるでしょう。

9.3　実験のモラルと課題

　実験を実施する際には，実験参加者が過度な負担を負うことがないように，倫理的に配慮すべきことがあります。例えば，実験参加者が回答したくないようなことまで回答させるような，心理的負担を負うような調査・実験項目に強制的に回答させることは適切ではないですし，実験の中で「ウソ」をつくデセプションを行う必要があるとしたら†，それが許容されるのか否かを判断することが必要でしょう。また，実験参加者が自身のプライバシーに不安を抱くような調査項目の設計も適切ではないでしょう。ここでは，実験を実施する前に最低限チェックするべき項目として9項目をあげました。研究機関等で倫理審査を受けられない場合でもこれらの点について満たしているかを確認してから，実験を実施しましょう。

□ **インフォームドコンセント**：参加者が実験の目的，手続き，潜在的リスク，利益について十分に理解し，何らかの形で同意が得られていますか。

□ **プライバシーの保護**：参加者の個人情報が厳密に保護され，不必要な個人情報の開示を求めていませんか。

□ **途中離脱の自由**：参加者が実験からいつでも離脱できるという点が明確に伝えられ，その自由が保証されていますか。

□ **リスクの最小化**：心身への負担や不快感がないようにするなど，実験によるリスクが最小限に抑えられていますか。

□ **デブリーフィング**：実験終了後に参加者に対して実験の目的と結果を説明し，必要に応じた対応ができるように準備していますか。

---

† この辺については分野によって許容度が異なるようです。心理学系の研究であれば，実験目的を最初から伝えることで結果が歪んでしまったり，観察したい現象が観察できない場合には，実験終了後に十分なデブリーフィング（実験後の実験の目的等の説明）を行うことで許容されるようです。一方，経済学系の研究では，実験に疑念を抱かれて，今後の実験のインストラクションを信じてもらえなくなるなどの懸念からほとんど許されないとのことでしたが，少しずつ最近は変わってきているようにも思います。

□ **データの管理**：収集したデータは適切に管理され，分析や公表の過程での改ざんや捏造がないように処理をする準備はできていますか。

□ **インセンティブの公正性**：提供される報酬が参加者に対して公正な金額になっていますか。また，実験の内容に見合ったものであると考えられますか。

□ **デセプションの管理**：実験の中でデセプション（うそ）は含まれていますか。デセプションが含まれている場合，研究分野の慣行として，デセプションの利用に対してどのようなスタンスでしょうか。実験が何らかのデセプションを含まざるをえなかった場合，それが倫理的に正当化され，参加者への悪影響が最小限に抑えられていますか。

□ **問題発生時の対応策**：実験実施時には，想定外の問題が発生することがありますが，そのような場合に備えて，相談先や解決策，対応策を考えていますか。

9.4 実験研究のこれから

　本章の最後に，実験研究のこれからとして新しい研究のスタイルを紹介します。現在では，再現可能性問題に端を発して，科学研究の透明化と民主化を目的としたオープンサイエンスという考え方が主流になりつつあります。例えば，研究データや研究で使用された実験マテリアルをオンライン上で公開し，だれでもアクセス可能にしようとするオープンアクセス化が進められています。ここでは実験プログラムの公開，プレレジストレーションとレジストレーションレポートについて紹介します†。

9.4.1 実験プログラムの公開
　実験プログラムの公開はオープンサイエンスの一環として重要です。実験プ

---

† 昨今では，プレレジに至る一歩前の段階で「実験・調査実施前」の研究発表会などを行い，より良い実験・研究を実施することを目的としたイベントも行われています。

ログラムの公開により，ほかの研究者が同じ条件下で実験を再現できるように
なり，特定の結果が一貫して得られるかどうかなどの再現可能性を検証しやす
くなります。また，研究方法の公開により，その研究の一連の手続きが外部の
目に晒されるようになることでデータ操作や不正行為のリスクを低減し，学問
全体としての信頼性の向上にもつながると考えられています。ほかにも，プロ
グラムの公開により，異なる研究グループが協力してより効率的なプログラム
の開発や，大規模な共同研究につながったり，ほかの研究者にとって有益な資
料にもなると考えられます。

9.4.2　プレレジストレーション（プレレジ）

プレレジストレーション（プレレジ）とは，研究を行う前に研究計画，目的，方
法論，データ分析計画などを登録することです。プレレジはおもに透明性の向上，
事後的なデータ分析の防止，そして再現性の向上という三つの目的のために実施
されます。プレレジを利用することで，研究の透明性が向上し，研究者がデータ
を閲覧したあとに仮説を設定する行為，いわゆる **HARKing**（hypothesizing
after the results are known）を防ぐことができると言われています。プレレ
ジを行う際には，Open Science Framework（OSF）[†]などのプラットフォーム
を用いて行うことが一般的となっています。

9.4.3　レジストレーションレポート（レジレポ）

レジストレーションレポート（レジレポ）は，研究結果の信頼性の向上を目
的として，プレレジされた研究手続きについて学会誌での査読を受けた上で，
結果の如何にかかわらず査読付き論文として出版される形式を指します。レジ
レポでは，論文のアクセプトやリジェクトの評価が，実験の結果ではなく，事
前に提出された研究の意義や質および手続きに基づいて行われます。研究者は
プレレジで提出した実験計画や分析計画に沿って研究を行わねばならず，研究
の全過程が明確に報告され，結果の解釈の信頼性が向上すると言われています。

[†]　https://osf.io/

9. バーチャルラボ実験の課題　177

もし，プレレジと実際の実験の間に差異が生じた場合は，研究者が詳細に説明しなければなりません。プレレジにより，研究の質は向上し，公表された結果の信頼性が高まると期待されており，科学研究全体の透明性と再現性の向上に貢献できると考えられています。

　本章は，バーチャルラボ実験の課題というタイトルではありましたが，バーチャルラボ実験のみならず，社会科学実験全体に関する留意点についても紹介いたしました。より良い実験・より良い研究のために，考えるきっかけとしていただければ幸いです。

付　　　録

A.1　Python のインストール

　oTree はインターネット環境において社会科学実験を行うための，Python のライブラリの一つです。したがって，はじめに Python をインストールしなければ oTree を利用することはできません。ここでは，Python のインストール方法について紹介します。ここでは，本書で動作を検証している Python 3.11 のインストール方法について紹介しますがほかのバージョンも同様です。

A.1.1　Windows 環境でのインストール

　はじめに，Windows 環境でのインストール方法を紹介します。

　最初に，Python 公式サイトのダウンロードページ[†]から，Python の本体をダウンロードします。「Downloads」にカーソルを合わせて，「Windows」をクリックします。そうすると，「Python Releases for Windows」という画面になりますので，3.11 の中から適切なものを選んでクリックしてください。2024 年 7 月現在では 3.11.9 が推奨されています。クリックをするとダウンロードが始まります。

① 　ダウンロードしたインストーラーをダブルクリックして実行します。
② 　Set up 画面が立ち上がりますので，「Add Python 3.x to PATH」にチェックを入れ，「Install Now」をクリックします。その際に，ユーザアカウント制御が立ち上がり，「このアプリがデバイスに変更を加えることを許可しますか?」と表示されますので，いまインストール作業を行った Python に関わる警告であることを確認した上で，「はい」をクリックします。
③ 　インストール作業が始まりますので，終了するのをお待ちください。
④ 　インストールが完了すると「Setup was successful」と表示されます。「Close」をクリックしてインストーラーを終了します。

　最後に，動作の確認を行います。Windows Powershell を開き，`python --version` または `python -V` と入力して Enter キーを押します。いまインストールした Python

---

[†] https://www.python.org/

のバージョンが表示されればインストール成功です。なお，もしここでいまインストールした Python のバージョンが表示されなかった場合は，別途 PATH を通すという作業が必要です。この作業についてはサポートページで紹介します。

Windows 環境における Python のインストール作業は以上です。

A.1.2 Mac 環境でのインストール

続いて，Mac 環境でのインストール方法を紹介します。

最初に，Python 公式サイトのダウンロードページ[†1]から，Python の本体をダウンロードします。「Downloads」にカーソルを合わせて，「macOS」をクリックします。そうすると，「Python Releases for macOS」という画面になりますので，3.11 の中から，適切なものを選んでクリックしてください。2024 年 7 月現在では 3.11.9 が推奨されています。クリックをするとダウンロードが始まります。

① ダウンロードしたインストーラーをダブルクリックして実行します。

② Set up 画面が立ち上がります。「ようこそ Python インストーラーへ」と表示されますので，「続ける」をクリックしてください。

③ 「大切な情報」「使用許諾契約」が順々に表示されますので，確認をした上で同じく「続ける」をクリックしてください。

④ 「使用許諾契約」が表示されたあとには同意画面が表示されますので，「同意する」をクリックしてください。

⑤ 「Macintosh HD」に標準インストールと表示されます。カスタマイズをする必要がある方は「カスタマイズ」を，必要がない方はそのまま「インストール」をクリックしてください。

⑥ パスワードの入力が求められますので，パスワードを入力して「ソフトウェアをインストール」をクリックしましょう。インストールが終了したあとには，「閉じる」をクリックしてください。

最後に，動作の確認を行います。Windows Powershell を開き，`python --version` または `python -V` と入力して Enter キーを押します。いまインストールした Python のバージョンが表示されればインストール成功です。なお，もしここでいまインストールした Python のバージョンが表示されなかった場合は，別途 PATH を通すという作業が必要です。この作業についてはサポートページで紹介します[†2]。個人的には，初心者には PATH を通すという作業が一番大変であると思っていますが，R の統合開発

[†1] https://www.python.org/

[†2] コロナ社の Web ページからアクセスできます。本書とびらページの裏面【本書ご利用にあたって】に記載した QR コードをご利用ください。

環境（IDE）である RStudio を開発している Posit が開発を進めている Positron という VS Code に基づいた新しい IDE では，PATH を通す作業が楽になりそうです。少し触れてみたのですがとても期待しています。

Mac 環境における Python のインストール作業は以上です。

A.2　Visual Studio Code のインストール

続いて，Visual Studio Code（以下，VS Code）のインストールについて紹介します[†1]。

基本的に表示される画面に沿ってインストールを進めていけば問題ないはずです。Windows も Mac も VS Code の公式サイト[†2]にアクセスします。

「Visual Studio Code」で検索すると上位に出てくるはずです。

トップ画面で，アクセスした端末の OS に応じて適切なバージョンが表示されるはずです。Stable という表記がされていれば，今回ダウンロードする安定バージョンを示していますので，こちらをクリックしましょう。

A.2.1　Windows 環境でのインストール

「VSCodeUserSetup-(バージョン名).exe」というファイルをダウンロードしたら，ダブルクリックします。

① 「使用許諾契約書の同意」という画面が表示されます。使用許諾契約書をよく読み，契約に同意する場合には「同意する」を選択して，「次へ (N) >」をクリックしてください。

② 「インストール先の指定」という画面が表示されます。特別な理由がない限りは，初期設定のフォルダを利用して，「次へ (N) >」をクリックしましょう。

③ 「スタートメニューフォルダーの指定」という画面が表示されます。これも特別な設定をせずに「次へ (N) >」をクリックしましょう。

④ 「追加タスクの選択」という画面が表示されます。これは，さまざまなインストールのオプションを示しています。基本的に，デフォルトとして選択されている「サポートされているファイルの種類のエディターとして，Code を登録する」および「PATH への追加（再起動後に使用可能)」にチェックが入ってい

[†1] 2024 年 7 月時点で VS Code には，Visual Studio Code と Visual Studio Code Insiders という 2 種類があります。前者は安定バージョン，後者は最新ですが少し不安定バージョンというものです。今回は前者のインストールを紹介します。

[†2] https://code.visualstudio.com/

れば良いですが，ほかのことにも VS Code を使うのであれば，「エクスプローラーのファイルコンテキストメニューに [Code で開く] アクションを追加する」および「エクスプローラーのディレクトリコンテキストメニューに [Code で開く] アクションを追加する」にチェックを入れていただいても構いません。設定を確認したら「次へ (N) >」をクリックしましょう。

⑤ 「インストール準備完了」の画面として，インストールする内容の確認画面が表示されます。内容に問題がなければ「インストール (I)」をクリックしてください。自動的にインストールが始まります。

⑥ 「Visual Studio Code セットアップウィザードの完了」という画面になります。一度再起動をしておきましょう。

インストールが終了したあと，VS Code を起動します。はじめに，「拡張機能」を検索し，「python」と入力してください。一番最初に出てくる，Microsoft により提供された Microsoft による拡張パッケージをインストールしてください。また，日本語パッケージも入れておきましょう。なお，Python のインストール時に PATH が通っていれば，基本的に VS Code 内でターミナルを起動しても Python を利用することができます。

Windows 環境における VS Code のインストール作業は以上で終了です。

A.2.2 Mac 環境でのインストール

「VSCode-darwin-universal.zip」というファイルをダウンロードしたら，ダブルクリックします。

① 特に指定していない場合は，ダウンロードフォルダに保存されているはずです。そうすると，自動的に zip ファイルが開き，アプリがダウンロードフォルダに展開されます。

② 展開されたアプリをアプリケーションフォルダに移動したあとに，ダブルクリックで起動してください。

③ 「"Visual Studio Code.app" はインターネットからダウンロードされたアプリケーションです。開いてもよろしいですか?」と表示されますので，「開く」をクリックしてください。

そして，VS Code を起動します。はじめに，「拡張機能」を検索し，「python」と入力してください。一番最初に出てくる，Microsoft により提供された Microsoft による拡張パッケージをインストールしてください。また，日本語パッケージも入れておきましょう。なお，Python のインストール時に PATH が通っていれば，基本的に VS Code 内でターミナルを起動しても Python を利用することができます。

182 付　　　　　　　録

Mac 環境における VS Code のインストール作業は以上で終了です。

A.3　サーバにアップしよう

A.3.1　サーバの準備

オンライン実験を実施する際には，サーバを用意する必要があります。Linux や Mac などを使われる方もいるかもしれませんし，oTree 公式では Heroku の利用を推奨していますが，今回は Windows サーバを例に紹介します[†]。

自前のサーバを用意することが難しいのであれば，Amazon Web Services（以下 AWS）の Amazon Elastic Compute Cloud（以下，EC2）を利用することをお勧めします。EC2 を用いることで，準備のときのサーバのスペックを落としておきながら，実験時にはサーバのスペックを上げるといった対応が可能になります。また，サーバの準備や，少人数による実験を実施する際には無料で利用可能な範囲でも実行可能です。

A.3.2　サーバの設定

さて，今回は Windows サーバの立ち上げができたものとして，リモートデスクトップを用いて，Windows サーバにアクセスできることを前提としたインストールの手順を紹介します。

【サーバ準備に必要な手続き】

1. ブラウザの利用
2. Python のインストール
3. PostgreSQL のインストール
4. Firewall の設定
5. oTree のインストール
6. psycopg2 のインストール
7. settings.py での設定

[†] AWS では，Windows サーバよりも Linux サーバのほうがコスト的に良いとは思うのですが，あまりサーバ等に詳しくない方にとってはまだ見慣れた画面である Windows のほうが「安心」できるかと思いますし，安心できるというのは実装する上で大事なことです。また，日常的に Linux を使っている方は適切な環境を自力で設定してください。

A.3 サーバにアップしよう　　*183*

およそ，上記のような手続きが必要になるのですが，2. の Python のインストールについては，付録 A.1 の中で紹介した手続きと同じであり，oTree のインストールについては 2 章で紹介したものと同じですので省略します。

（1）　ブラウザの利用　　一般的には，セキュリティの観点からサーバにブラウザは利用されないほうが良いですし，デフォルトでは特定のサイトにしかアクセスしにくいように設定されています。一方で，oTree が適切に動作しているのかという検証作業や PostgreSQL の設定にはブラウザを用いると便利でしょう。

筆者としては，開発のことも考えると Google Chrome をインストールしておくと便利だと考えています。

EC2 を使う場合に気をつけるべき点

今回は以下の環境で動作を確認しています。以下は，EC2 において「インスタンスを起動」を開いてサーバを立ち上げたときの画面について説明しています。特に設定すべき項目について記述しています。これ以外については，適宜自身でご判断ください。

- Microsoft Windows Server 2022 Base を選択します。
- キーペアを選択してください。キーペアとは，安全なリモート接続を行うために必要な認証情報です。もし，初めて利用する場合は「新しいキーペアの作成」を選択してキーペアを獲得してください。
- ファイアウォール（セキュリティグループ）は初めて利用する場合するには「セキュリティグループを作成する」を選択してください。その際に，以下の項目にチェックが入っていることを確認してください。
  - 「「任意の場所」からの RDP トラフィックを許可する」にチェックを入れる。ただし，自宅等固定された環境からしかサーバにアクセスして設定しないのであれば，適宜設定を変更してください。
  - 「インターネットからの HTTP トラフィックを許可」にチェックを入れる。

これ以外に，実際に実験を実施する際には，サーバのパブリック IP アドレスを固定する必要があります。AWS を利用する場合は，ネットワーク＆セキュリティの中にある「Elastic IP」を選択し，IP アドレスの設定を行ってください。

（2）　**Python のインストール**　　Python のインストールについては，付録 A.1 を参照してください。

（3）　**PostgreSQL のインストール**　　続いて，PostgreSQL のインストールを

行います。oTree ではもともと SQLite で動作を確認できるようになっていますが，実際の実験のときには PostgreSQL をインストールすることが推奨されています。特にインタラクションのある実験を実施する際には，データベース上でのやりとりが増えます。SQLite は複数のデータ更新が同時に行われた際の対応が苦手です[†1]。自身の端末で動作確認をする際には問題ないのですが，本番の実験を行うときにはインストールをしましょう。

a) PostgreSQL のダウンロード　　はじめに，ダウンロード作業を行います。「PostgreSQL download」と検索すると上位に出てきます，PostgreSQL の公式サイト[†2]より「Windows x86-64」の列にあるファイルをダウンロードをします。

執筆している 2024 年 6 月現在では，最新のバージョンは 16 でしたので，そちらをダウンロードします。

b) PostgreSQL のインストール　　「postgresql-(バージョン名).exe」というファイルをダウンロードしたら，ダブルクリックします。

① 「Setup - Postgresql」という表示がされますので，「Next >」をクリックしてください。

② 「Installation Directory」として，プログラムの保存先を指定するディレクトリを確認されます。ここでは，特に設定をせずデフォルトに従いましょう。「Next >」をクリックします。もし変更したい場合は，フォルダマークをクリックし，保存先のフォルダを選択してください。

③ 「Select Components」という画面が表示されます。デフォルトとして，「PostgreSQL Server」，「pgAdmin 4」，「Stack Builder」，「Command Line Tools」にチェックが入っています。こちらはチェックが入ったままにして，「Next >」をクリックしましょう。

④ 「Data Directory」として，データの保存先を指定するディレクトリを確認されます。ここでは，特に設定をせずデフォルトに従いましょう。「Next >」をクリックします。もし変更したい場合は，フォルダマークをクリックし，保存先のフォルダを選択してください。

⑤ 「Password」の画面が表示されます。これは superuser（postgres）のパスワードを設定します。好きなパスワードを設定して構いませんが，決して忘れないようにしてください[†3]。パスワードと，確認としてのパスワードを入力したのちに「Next >」をクリックします。

⑥ 「Port」の設定を行います。ここでも同様に，特に設定をせずデフォルトに従

[†1]　筆者も何度もやらかして，痛い目を見ました。

[†2]　https://www.enterprisedb.com/downloads/postgres-postgresql-downloads

[†3]　パスワードをここにメモしておきましょう：

いましょう。「Next >」をクリックします。

⑦ 「Advanced Options」として，データベースの locale（位置情報）の設定が求められますが，特に設定をせずデフォルトに従いましょう。「Next >」をクリックします。

⑧ 「Pre Installation Summary」として，インストールする環境の確認が求められます。中身を確認した上で，「Next >」をクリックします。

⑨ 「Ready to Install」としてインストールをするかどうかの最終確認が行われます。「Next >」をクリックして，インストールを開始しましょう。環境にもよりますが，しばらく時間が掛かりますので，ゆっくり気長にお待ちください。

⑩ 「Completing」という画面になります。チェックを外して，インストールを完了しましょう。

PostgreSQL のインストールは以上です。

c) pgAdmin4 の設定　oTree 用のデータベースを設定するために，`pgAdmin4` を設定します。Windows ボタンを押し，「PostgreSQL 16」→「pgAdmin 4」をクリックします。そうすると，`pgAdmin4` が起動します。

① 「Servers」を右クリックして，「Register」→「Server...」を選択します。

② ウィンドウが開きますので，「Name」の入力が求められます。ここでは「otree」としておきましょう。

③ 「Connection」タブに移動し，「Host name/address」の入力が求められるので，「localhost」と打ちます。下部には，「Password」の入力欄があるので，先ほど設定したパスワードを入力します。

④ 「Save password?」という欄があるのでこちらをアクティブにして，「Save」を押して，つぎに進みます。

⑤ 新しく作成された「otree」を右クリックして，「Create」→「Database」を選択します。データベースの名前を改めて設定するように求められますが，そこも「otree」にしておきましょう。

以上で PostgreSQL のインストール・設定は終了です。

（4）Firewall の設定

① Windows Defender ファイアウォールを開きます。検索窓に入力すると出てくるかと思います。

② 「詳細設定（Advanced settings）」をクリックし，「受信の規則（Inbound Rules）」をクリックします。ここで「新しい規則...(New Rule...)」をクリックし，ポート（Port）を選択して「Next >」をクリックします。

③ つぎの画面で「Does this rule apply to TCP or UDP?」では `TCP` を選択し，

「Does this rule apply to all local ports or specific local ports」では，「Specific local ports:」で「80」を選択し，「Next >」をクリックします。

④ 「Action」の画面では，「Allow the connextion」を選択し，「Next >」をクリックします。そして，「Profile」の画面では，「Domain」，「Private」，「Public」のすべてにチェックが入っていることを確認して「Next >」をクリックします。

⑤ 名前は「oTree」としておきましょう。「Finish (F)>」をクリックして終了です。

（**5**） **oTree のインストール**　oTree のインストールについては，2 章を参考にしてください。

（**6**） **psycopg2 のインストール**　続いて，psycopg2 をインストールします。これは，Python と PostgreSQL の接続に必要なパッケージです。ターミナルを起動し，プログラム **A-1** を入力します。

プログラム A-1 (psycopg2 のインストール)

```
pip install -U psycopg2
```

このコードを入力すると，自動的にインストールが完了します。

（**7**） **settings.py の設定**　settings.py の設定が必要です。1 行追記をしてください（プログラム **A-2**）。

プログラム A-2 (settings.py に追加するコード)

```
1  environ['DATABASE_URL'] = 'postgres://postgres:<先ほど設定したパスワード
2  >@localhost/<先ほど設定した Name>'
3  # <>は記入せず改行しないで 1 行で書いてください
```

パスワードとして，PostgreSQL のインストール時に設定したものを，Name として pgAdmin4 で設定したものを入力してください。こちらを入れると，oTree が PostgreSQL を呼んで，安定したデータベースに実験結果を保存することができます。
サーバの準備は以上です。

（**8**） **サーバの実行**　ここまで準備したら，プロジェクトを用意して実験を実施しましょう。プロジェクトフォルダの中に入り，はじめに，**プログラム A-3** を実行します。

プログラム A-3 (データベースのリセット)

```
otree resetdb
```

このコードを実行すると，サーバに蓄積されていたデータがすべて削除されることになります。このコードを実行しても大丈夫であるか再度確認しておいてください†。

---

† 例えば，前回サーバを立ち上げて実験を行ったときのデータはすべてダウンロード済みかどうかなどを確認しておく必要があります。もし，ダウンロードしていなかったらデータがすべて消えてしまうという目も当てられない事態になります。

続いて，サーバを実行します。今回は 80 番ポート（http による通信が行われるポート）でアクセスできるようにします。サーバを立ち上げて本番の実験を行う際は，いままで行ってきた自身の PC で実験を行う場合とは少し異なりますのでご注意ください（**プログラム A-4**）。

プログラム A-4 (サーバの実行)
```
otree prodserver 80
```

（**9**）**パスワードの設定**　　サーバを実行する際には，settings.py の中でパスワードを設定しておきましょう[†]。故意にしろ偶然にしろ，ほかの人が不正にアクセスするような事態を防ぐことができます。**プログラム A-5** では，ユーザ名を admin，パスワードを onlineexperiment とした場合の設定例です。

プログラム A-5 (settings.py でのパスワード設定)
```
1   ADMIN_USERNAME = 'admin'
2   ADMIN_PASSWORD = 'onlineexperiment'
```

このパスワードを設定すると，デモ画面へのアクセス時に**図 A.1** のようなパスワード入力画面が表示されます。ここに先ほど設定したユーザ名とパスワードを入力することでログインすることができます。

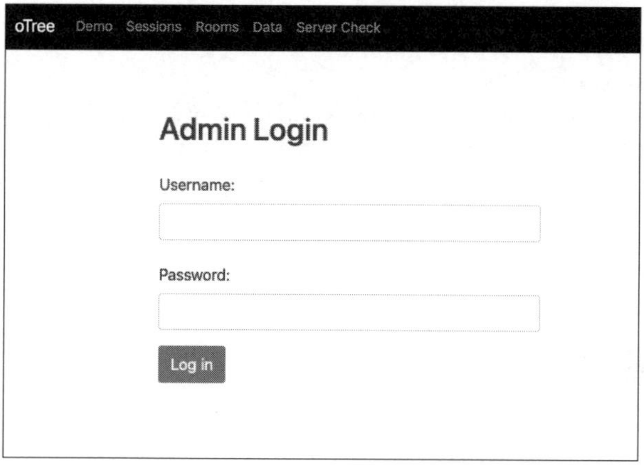

図 **A.1**　パスワード設定後のログイン画面

[†]　oTree の開発者は環境変数の中で OTREE_ADMIN_PASSWORD として設定することを推奨していますが，少しややこしいです。つねに起動させておくわけでもないならば，settings.py の中で設定しておけば最低限のセキュリティはクリアできるでしょう。

188　　付　　　　　　　　録

ここまでできれば，オンライン実験の準備は完了です[†]。

A.4　Pythonの基本

　ここでは，Python の基本的なプログラムについて説明します。詳細は Python の公式ドキュメントなどを参照していただきたいのですが，いくつか基本的なことを紹介します。

A.4.1　基本的なプログラム

（1）　変数とデータ型　　データに名前を付けて参照するためのラベルです。=演算子を使用して値を変数に割り当てます。例をプログラム A-6 に示します。

プログラム A-6（変数とデータ型）

```
 1  x = 5
 2  # 数値：整数（int）と浮動小数点数（float）があります
 3
 4  name = 'Alice'
 5  # 文字列：テキストデータを表すために使用され，
 6  # シングルクォート（'）かダブルクォート（"）で囲みます
 7
 8  is_student = True
 9  # 真偽値：True（真）または False（偽）の二つの値を持ちます
10  # 1 か 0 で表すこともでき，条件文などでよく使用されます
```

（2）　コメントアウト　　コードにメモを追加するために使い，Python では # のあとに記述します。これはコードの可読性を高め，ほかの人や将来の自分がコードを理解しやすくするために重要であり，本書内でも多用しています。例をプログラム A-7 に示します。

プログラム A-7（コメント）

```
 # ここはコメントなので，実行されません
```

（3）　演　算　子　　演算子とは，データを操作し計算や比較，論理的な操作を行うための記号，ないしはキーワードです。Python にはさまざまな種類の演算子があり，以下のように分類されます。ここでは三つの演算子について紹介します。

[†]　ほかにも，settings.py の中で DEBUG=False という設定をすることがあります。これが False になっていない（特に設定をしていない場合），デバッグ情報が画面の下部に表示されてしまいます。しかし，この情報が実験参加者に表示されたところで大きな問題にならない場合にはそのまま実験をしてしまっても問題ないでしょう。

A.4 Python の 基 本　　*189*

- **算術演算子**：数値の計算に使用されます。加算（+），減算（-），乗算（*），除算（/）などがあります。
- **比較演算子**：二つの値を比較し，ブール値（True または False）を返します。等しいかどうか（==），等しくないか（!=），より大きい（>），より小さい（<），以上（>=），以下（<=）などがあります。
- **論理演算子**：ブール値（True または False）の論理的な結合に使用されます。AND（and），OR（or），NOT（not）があります。

算術演算子は本文中でもよく出てきましたが，通常の計算時に用いられます。また，比較演算子や論理演算子はこのあと紹介する if 文や for 文でよく使われます。

（**4**）　**データ構造**　Python におけるデータ構造は，データを効率的に格納，アクセス，操作することを目的として，さまざまなものがあります。**プログラム A-8** は Python で一般的に使用される主要なデータ構造の概要を示します。リスト型は選択肢の表示を行う際によく用いられています。

プログラム A-8（データ構造）

```
1  fruits = ['apple', 'banana', 'cherry']
2  # リスト：順序つきの要素の集まりで，要素の追加や削除が可能です
3
4  coordinates = (10.0, 20.0)
5  # タプル：リストと似ていますが，要素の追加や削除ができません
6
7  person = {'name': 'Alice', 'age': 20}
8  # 辞書：キーと値のペアの集まりで，キーを指定して値を取得できます
9  # ただし，oTree の settings.py では dict() の形式を利用しています
10
11  colors = {'red', 'green', 'blue'}
12  # セット：重複を許さない要素の集まりで，順序を持ちません
```

リストは **choices** でも使われますが，リストの中にリストを入れることもあります。例えば oTree で選択式のアンケートを作成する場合，**プログラム A-9** のように表記すると，★ として表示されますが，データとしては，対応する数字で記録されることになります。

プログラム A-9（リストを用いたアンケート項目例）

```
1  star_1 = models.IntegerField(
2      choices = [
3          [1, '★'],
4          [2, '★★'],
5          [3, '★★★'],
6          [4, '★★★★'],
```

```
7          [5, '★★★★★']
8          ],
9       verbose_name = 'この本はわかりやすいと思う',
10      widget=widgets.RadioSelect
11      )
```

（5） **if 文を用いた条件分岐**　if 文とは，条件文を使用して，特定の条件に基づいて異なる計算や表示を行う方法です。

プログラム A-10 は，年齢が 18 歳以上のときに，「あなたは成人です」と表示するプログラムです。それ以外のとき（＝ 18 歳未満のとき）には結果が表示されません。それ以外のときにも表示するには，else という設定が必要です。

プログラム A-10 (if 文)

```
1  if age >= 18:
2      print('あなたは成人です')
```

プログラム A-11 は，年齢が 18 歳以上のときに，「あなたは成人です」と表示するプログラムです。それ以外のとき（＝ 18 歳未満のとき）には「あなたは未成年です」と表示されます。else の設定を行うことで，if で設定した条件を満たさなかった場合の処理を設定できます。

プログラム A-11 (if-else 文)

```
1  if age >= 18:
2      print('あなたは成人です')
3  else:
4      print('あなたは未成年です')
```

（6） **for 文と while 文を用いた繰り返し処理**　for 文では，あらかじめ決められた回数だけ同じ作業を繰り返します。for 変数 in シーケンス:という形で書きます。「シーケンス」とは，リストや文字列のように，複数のデータが順番に並んでいるものを指します。ループの各繰り返しにおいて，「変数」にシーケンスのつぎのデータが順番に代入され，その変数を使用してブロック内のコードが実行されます。

プログラム A-12 は，range() 関数を用いて，0～4 までの数値を表示するプログラムです。

プログラム A-12 (for ループ)

```
1  for i in range(5):
2      print(f"現在の数値: {i}")
```

while 文では，条件が True の間，同じ作業を繰り返し実行します。while 条件式:という形で書きます。例えば，プログラム A-12 と同じ処理を while ループを用いて書くとプログラム A-13 のようになります。この例では，数字 i が 5 未満である間は i の

値を表示し，その後 i を 1 増やしています。i が 5 に達すると，条件式 i < 5 が False
になるため，ループは終了します。

プログラム A-13 (while 文)

```
1  count = 0
2  while count < 5:
3      print(f"カウント: {count}")
4      count += 1
```

　while 文を使用する際には，無限ループに陥らないように注意が必要です。条件式
がつねに True である場合，ループは終了せずに永遠に続くことになります。そのた
め，ループ内で条件が最終的に False となるように変更するコードを適切に配置する
必要があります。
　for 文と while 文は，どちらも繰り返し処理を行うための構造ですが，使い方や用
途に違いがあります。繰り返し回数が事前に決定されているか，コレクションの全要
素を処理する必要がある場合は for 文を利用し，繰り返し回数が動的で条件に基づい
て決定される場合は while 文を利用すると思っておきましょう。

A.4.2　oTree における関数の扱い方

oTree での関数の使用は，一般的な Python の関数の使用方法と非常に似ています。
　それぞれの関数は，Constants, Subsession, Group, Player クラスと関連づけら
れて定義され，これらのクラス内で属性やメソッドを定義します。
　（1）関数の定義　　oTree では，基本的に __init__.py の中で関数を定義して，
特定の計算などを実行します。例えば，プレイヤーの決定に基づいて得点を計算する
関数を作成することができます（**プログラム A-14**）。

プログラム A-14 (oTree における関数の例 1)

```
1  def set_payoff(player: Player):
2      if player.decision == 'A':
3          player.payoff = c(100)
4      else:
5          player.payoff = c(50)
```

　この例では，プレイヤーの決定が 'A' の場合は利得を 100 に，そうでない場合は 50
に設定しています。
　（2）関数の呼び出し　　定義した関数は，__init__.py における，Page クラスの
メソッドとして呼び出すことができます。これにより，プレイヤーがページを送信した
ときなど，特定のイベントが発生したときに関数を実行できます（**プログラム A-15**）。

192 付 録

プログラム A-15 (oTree における関数の例 2)

```
1   class Decision(Page):
2       def before_next_page(player, timeout_happened):
3           player.set_payoff()
```

ここでは，Decision ページを離れる前に set_payoff 関数を呼び出して，各プレイヤーについて set_payoff 関数を実行するように記述されています。

関数の利用には，同じロジックを複数の場所で使用する場合に，関数にまとめることでコードの修正や更新が容易になるというコードの再利用性の向上や，コードがモジュール化されているために，問題発生箇所を特定しやすくなるというデバッグの容易になるといったメリットがあります。

A.5　html テンプレートの基本

html（HyperText Markup Language）では，テキストを構造化し，Web ページ上での表示方法を定義します。特に，oTree では，初期バージョンが Django に依拠していたこともあり，現行バージョンでは html ファイルの形式が Django に類似しています。ここでは，oTree における html テンプレートの基本的な要素について説明します。

A.5.1　基礎的なプログラム

oTree においては，block title や block content のようなブロックを使用して，ページの特定のセクションにコンテンツを挿入することができます。

（1）　テンプレートブロック　　プログラム A-16 では，タイトルブロックを示しています。この部分では，ページの **<title>** タグ内の内容を定義します。ブラウザのタブに表示されるテキストがここに配置されます。

プログラム A-16 (タイトルブロック)

```
1   {{ block title }}
2       Page title
3   {{ endblock }}
```

（2）　コンテンツブロック　　プログラム A-17 では，コンテンツブロックを示しています。この部分では，ページの **<title>** タグ内の内容を定義します。ブラウザのタブに表示されるテキストがここに配置されます。

A.5 html テンプレートの基本　193

プログラム A-17 (コンテンツブロック)

```
1  {{ block content }}
2
3      {{ formfields }}
4      {{ next_button }}
5
6  {{ endblock }}
```

　content ブロックはページの主要なコンテンツを定義します。ここでは，oTree によって自動生成されるフォームフィールド（{{ formfields }}）とつぎへ進むボタン（{{ next_button }}）が含まれています。

　(3)　基本的なタグ　　一般的な html タグを利用することができます。例えば，以下のようなものがあげられます。

- <h1>, <h2>, ..., <h6>：見出しを定義します。<h1> が最も重要で，<h6> に向かって重要度が下がります。
- <p>：段落を定義します
- <a href="URL">：リンクを作成します。href 属性でリンク先の URL を指定します。
- ：画像を挿入します。src で画像の URL を，alt で画像が表示されないときの代替テキストを指定します。
- <ul>, <ol>, <li>：それぞれ無順序リスト，順序つきリスト，リスト項目を定義します。
- <div>, ：汎用のコンテナとして使用され，スタイリングやレイアウトのために利用されます。
- <b> タグ：テキストを太字にしますが，視覚的なスタイルを適用することが目的です。一方， タグはテキストを太字するだけでなく，重要なテキストであることを意味します。スクリーンリーダーなどの支援技術は， タグでマークアップされたテキストを重要な情報として扱うことがあります。
- <u> タグ：このタグはテキストに下線を引きます。ただし，下線がついたテキストはハイパーリンクであることが多いため，ユーザが混乱しないように注意して使用する必要があります。

A.5.2　if 文を用いた条件分岐

　oTree テンプレートでの if 文は，特定の条件に基づいて異なるコンテンツを表示するために使用します。例えば，プレイヤー 1 とプレイヤー 2 で異なる結果を示したり，勝敗によって表示する画面を変えるときに利用します（**プログラム A-18**）。

194 付　　　　　録

プログラム A-18 (if 文の例 1)

```
1  {{ if player.id_in_group == 1 }}
2      <!-- 条件に一致しているときに表示されるコンテンツ -->
3  {{ else }}
4      <!-- 条件に一致していないときに表示されるコンテンツ -->
5  {{ endif }}
```

　プログラム A-18 では，`player.id_in_group` が 1 という条件が True の場合に表示するコンテンツを if 文で囲っています。その後，条件に一致しなかった場合には `else` を利用します。さらに，条件が複雑になった場合を**プログラム A-19** に示しました。新たに `elif` を利用しています。

プログラム A-19 (if 文の例 2)

```
1  {{ if player.id_in_group == 1 }}
2      <!-- 条件に一致しているときに表示されるコンテンツ -->
3  {{ elif player.id_in_group == 2 }}
4      <!-- 最初の条件には一致していないが，二つ目の条件に一致しているときに
5      表示されるコンテンツ -->
6  {{ else }}
7      <!-- すべての条件に一致していないときに表示されるコンテンツ -->
8  {{ endif }}
```

　少しややこしいのですが，この辺を使いこなせると，より結果をわかりやすく表記することができますし，さまざまな実験条件を準備できるようになります。

A.5.3　for 文を用いた繰り返し処理

　プログラム **A-20** では，for 文の例を示しています[†]。

　1 行目では，for 文の開始を示しており，players リストの中の各要素（ここでは各 player オブジェクト）に対してループ内のコードを実行します。したがって，このコードを複数人プレイヤーによる実験プログラムに組み込むと，各プレイヤーの情報が表示されることになります。

　2 行目では，ループの内部にあり，リストの各 player オブジェクトの id_in_group 情報と score 情報を表示します。 `player.id_in_group` は，現在の player オブジェクトのグループ内での ID を出力します。 `player.score` は，現在の player オブジェクトのスコアを出力します。また，`<br>` は html の改行タグで，各プレイヤーの情報

[†] oTree テンプレートでは，`while` ループに相当する直接的な構文がありません。これは，テンプレートがおもに表示に特化しており，単純な制御フローを推奨しているためです。したがって，oTree テンプレート内で繰り返し処理を行うためには，for 文を用いることになります。

A.6 oTree におけるフィールド   *195*

を新しい行に表示します。3 行目は for 文の終了を示しており，ループ内のすべての
処理が完了します。

プログラム A-20 (for 文の例)

```
1  {{ for player in group.get_players() }}
2     プレイヤー {{ player.id_in_group }} のスコア：{{ player.score }} <br>
3  {{ endfor }}
```

A.6 oTree におけるフィールド

ここでは oTree で利用可能なフィールドを使用例とともに紹介します。

A.6.1 CurrencyField

CurrencyField は通貨額を表す数値を扱うために特化したフィールドで，経済実験
などで金額を扱う際に便利です。内部的には DecimalField を使用しており，精度の
高い数値計算ができます。**プログラム A-21** にコード例を示します。

プログラム A-21 (CurrencyField の例)

```
1  price = models.CurrencyField(
2      initial = 0,
3      min = 0,
4      doc = 'この商品の価格',
5      verbose_name = 'この商品の価格はいくらですか？'
6      )
```

- initial   フィールドの初期値を設定します。
- min   許容される最小値を設定します。
- doc   フィールドの説明文を記述します。
- verbose_name 画面に質問文として表示される文章です。

A.6.2 IntegerField

IntegerField は整数値を格納するフィールドです。参加者の年齢や，何らかの数
を数える場合など，整数が必要な場合に使用します。**プログラム A-22** にコード例を
示します。

196 付 録

プログラム A-22 (IntegerField の例)

```
1  age = models.IntegerField(
2      initial = 18,
3      min = 0,
4      max = 100,
5      doc = '実験参加者の年齢',
6      verbose_name = 'あなたの年齢を教えてください'
7  )
```

- initial　　　　フィールドの初期値を設定します。
- min　　　　　許容される最小値を設定します。
- max　　　　　許容される最大値を設定します。
- doc　　　　　フィールドの説明文を記述します。
- verbose_name　画面に質問文として表示される文章です。

A.6.3　FloatField

FloatField は実数（浮動小数点数）を格納するフィールドです。より細かい数値や，分数を扱う場合に適しています。プログラム A-23 にコード例を示します。

プログラム A-23 (FloatField の例)

```
1  temperture = models.FloatField(
2      initial = 36.6,
3      min = 35.0,
4      max = 42.0,
5      verbose_name = 'あなたの体温を教えてください'
6  )
```

- initial　　　　フィールドの初期値を設定します。
- min　　　　　許容される最小値を設定します。
- max　　　　　許容される最大値を設定します。
- verbose_name　画面に質問文として表示される文章です。

A.6.4　BooleanField

BooleanField は，真偽値（True/False または 1/0）を格納するために使用されます。例えば，ある質問に対する参加者の「はい」または「いいえ」の回答を記録するのに使うことができます。プログラム A-24 にコード例を示します。

プログラム A-24 (BooleanField の例)

```
1  is_student = models.BooleanField(
2      initial = False,
```

A.6 oTree におけるフィールド 197

```
3      choices = [
4          (True, 'はい'),
5          (False, 'いいえ')
6      ],
7      verbose_name = 'あなたは学生ですか？'
8      widget = widgets.RadioSelect
9      )
```

- initial フィールドの初期値を設定します。
- choices ユーザに表示される選択肢のリストを定義します。
- label 画面に質問文として表示される文章です。

なお，ここでは widget を使って，入力形式を指定しています。今回は垂直（上下）ラジオボタン形式にしましたが，水平（左右）のラジオボタンにするには，widgets.RadioSelect を，チェックボタン形式にするには widgets.CheckboxInput を利用することができます。また，widget を指定しなくても，choices を利用することで，ドロップダウン形式に変更できます。

A.6.5 StringField

StringField は短い文字列を格納するためのフィールドです。名前や都市など，比較的短いテキストデータを保存するのに適しています。プログラム **A-25** にコード例を示します。

プログラム A-25 (StringField の例)

```
1   name = models.StringField(
2       initial = 'Unknown',
3       blank = True,
4       verbose_name = 'あなたの名前を教えてください'
5       )
```

- initial フィールドの初期値を設定します。
- blank フィールドが空白であることを許可するかどうかを設定します。
- label 画面に質問文として表示される文章です。

A.6.6 LongStringField

LongStringField は長い文字列，つまりテキストデータを格納するフィールドで，複数行のテキストエリアとしてフォーム上に表示されます。長い説明文や，参加者からの詳細なフィードバックを収集するのに適しています。プログラム **A-26** にコード例を示します。

198 付　　　　　　録

プログラム A-26 (LongStringField の例)

```
1  feedback = models.LongStringField(
2      initial = ' ',
3      blank = True,
4      verbose_name = 'この本の感想を教えてください'
5  )
```

- initial　フィールドの初期値を設定します。
- blank　フィールドが空白であることを許可するかどうかを設定します。
- label　画面に質問文として表示される文章です。

A.7　Q&A：アレがしたいときのチェックリスト

ここでは，筆者が授業の中で受けた質問をもとに，いくつかの対応策を紹介します。

A.7.1　インストールがうまくいかない

コマンドプロンプトから oTree などのプログラムを実行する場合には，環境変数に
システムパスを登録しておく必要があります。Python をインストールする際に Add
python.exe to PATH にチェックを入れてインストールしていればシステムパスは登
録されていますが，チェックを入れていないとシステムパスは登録されていません。
詳細はサポートページでも補足しますが，「Windows Python システムパス」や「Mac
Python システムパス」などで検索をして調べてください。

A.7.2　エラーが出たら最初にするべきこと

エラーが出たら，まずはエラーの内容をよく読みましょう。比較的優しい英語でエ
ラーについての説明があります。それに沿った対応をする必要があります。まずは，
慌てずによく読んでみましょう。また，よくわからなかった場合には ChatGPT に尋
ねてみるのも手です。エラー文をそのまま ChatGPT に投げ込んでみると対応策を教
えてくれます。

A.7.3　Python のバージョンが合わない

Python 3.XX or higher is required という表示がされることがあります。こ
れは，現在インストールされている Python のバージョンが oTree に対応していない
ことを意味しています。対応したバージョンの Python をインストールしてください。

A.7 Q&A：アレがしたいときのチェックリスト　　　*199*

A.7.4　oTree が入っていない

`No module named 'otree'` と表示されることがあります。このときには，oTree がインストールされていない可能性が高いです。再度インストールをするか，利用しようとしている Python を利用できているのか確認してください。システムパスを確認することも必要です。

A.7.5　db.sqlite3 を消してほしい

よく表示されるものなのですが，新しいアプリを作成して動作を確認しようとすると，`oTree has been updated.  Please delete your database (db.sqlite3)` と表示されることがあります。この場合は，プロジェクトフォルダの中にある `db.sqlite3` というファイルを削除します。

A.7.6　関数や変数がないって叱られた

これはよくあるパターンです。関数や変数がないというエラーが出た場合には，その関数や変数を定義していないことが考えられます。

（1）class は合っていますか？　　例えば，player クラスで設定した変数をテンプレートや Page の中で group クラスとして記述するとエラーが発生します。対応したクラスで書かれているかどうか確認してください。

（2）フィールドの種類は適切ですか？　　文字データを IntegerField に入力したり，01 以外の BooleanField に入力したりするとエラーが発生します。適した入力ができるようにフィールドを定義しているかどうかを確認してください。

（3）Page class で入力できるようにしていますか？　　何かを入力できるようにする際には，フィールドの定義，ページクラスでの定義，テンプレートでの定義という 3 か所での定義が必要でした。これらが適切に定義できているか確認してください。

（4）変数が入力されたあとに計算されていますか？　　これもよくありがちなのですが，画面遷移（ページの進み方）をしっかり確認されているでしょうか？ 例えば，通常の最終提案ゲームでは提案者が提案する前に応答者が応答をすることはありません。そのため，応答者が応答をする前に提案者が提案をするようなコードを書いてしまうと，エラーが出てしまいます。変数を入力したあとに計算をするようにしているかどうかなど，画面遷移と変数の表示・関数の実行の対応関係をしっかり確認しましょう。

A.7.7　複数のアプリを続けて実行したい！

あるプロジェクトの中に利用したいアプリを入れておきます。さらに，その利用し

たいアプリを続けて SESSION_CONFIGS に書いてあげれば実行可能です。プログラム A-27 の app_sequence のように書いてください。

プログラム A-27 (oTree のアップデート)

```
1  SESSION_CONFIGS = [
2      dict(
3          name = 'DGquestionnaire',
4          display_name = "独裁者ゲームとアンケート",
5          num_demo_participants = 2,
6          app_sequence = ['dictator_trial', 'questionnaire']
7      )
8  ]
```

そうすると，独裁者ゲームを行ったあとに，続いてアンケートを行うことができます。

A.7.8 ダウンロードしたデータが文字化けしている

ダウンロードした csv ファイルを Excel で開くと文字化けをしていることがあります。これは，oTree で出力される csv ファイルが UTF-8 形式ですが，Excel ははじめに Shift-JIS 形式で開こうとするためです。さまざまな対応方法がありますが，一番楽なのは一度 VS Code などのテキストエディタで該当ファイルを開いて，文字エンコードを変えて保存すると良いでしょう。

Python の落とし穴

★インデントは揃っていますか？

インデントとは，コードやテキストを整理して読みやすくするためのスペースやタブのことを指します。Python ではインデントによってコードブロックが定義されるので，インデントが不適切だと，エラーが発生したり，プログラムが意図しない動作をすることがあります。初めてプログラミングをする際には，以下のような方針を心掛けると良いでしょう。

- **一貫性**：スペース数が異なるインデントが混在しているとエラーが発生します。
- **スペースかタブか**：Python ではインデントにスペースを使用することが一般的な慣習となっています。1 レベルのインデントを入れる際には，スペースを四つ入れるようにすると良いでしょう。
- **インデントのレベル**：Python では，インデントのレベルがコードブロックの階層を示します。例えば，if 文の内部に for 文がある場合，for 文は if 文よりもさらにインデントを深くする必要があります。

- **空　　行**：空行にもインデントが適用されることがあります。コードブロック内に空行を入れる場合，その空行はコードブロックと同じレベルのインデントを適用するようにしましょう。
- **コメント**：コメント行もコードと同じインデントレベルにしましょう。これにより，コードの読みやすさを保つことができます。
- **標準化**：Python Enhancement Proposal（PEP）8 は，Python コードの書き方に関するスタイルガイドを用意しています。ほかにも，Google Style Guide というのもあるようです。いずれにしろ，標準的に使われているスタイルで表記できるようになると，グループで作業するときなどにも効率的な作業ができるようになるでしょう。

★データ型は合っていますか？

Python では，基本的に変数のデータ型を明示的に宣言する必要はありません。しかし，型が原因でバグが発生することがあります。oTree では，フィールドの入力値同士を計算することがありますが，その際にエラーが生じる可能性がありますので，慎重に確認しておきましょう。例えば，整数と文字列で足し算をしようとすると何をしたら良いかわからずにエラーが発生します。

A.8　さまざまな Web 技術の活用

ブラウザで利用できる html に基づく実験プログラムを作成することで，Web に対して導入されているさまざまな技術を導入できます。ここでは，実際に筆者が利用している技術の一部を紹介します。

A.8.1　Web 解析ツール：mouseflow

はじめに，Web 解析ツールについて紹介しましょう。ここで言う Web 解析ツールとは，Web 上でのユーザの動きを確認・記録するツールのことを指します。mouseflow[1] では実験参加者がどのように画面を動かしたり，クリックをしていたのか記録可能です。また，Google Analytics[2] などのツールも利用すると良いでしょう。

筆者は，クラウドソーシングを使った実験をする際には，両者を利用しています。

---

[1]　https://mouseflow-jp.com/
[2]　https://analytics.google.com/analytics/web/

A.8.2 可視化ツール：highcharts

可視化ツールとは，データをグラフ化するためのツールのことを示しています。実験によっては，実験参加者の理解を深めるために実験結果をフィードバックすることがあります。その際に，実験結果の可視化のためには highcharts[†1] などを導入すると便利です。

highcharts とは，Web 上で動作する折れ線グラフや棒グラフ，円グラフなどのグラフを簡単に作成できる Javascript ライブラリです。マウスオーバーすることで，データを確認することもできます。比較的容易に導入できるため，実験結果の可視化に利用すると非常に便利です。

A.8.3 インタラクティブチュートリアルシステム：intro.js

最後に，インタラクティブチュートリアルシステムを紹介します。インタラクティブチュートリアルシステムとは，Web 上でユーザがクリック等により，チュートリアルがステップ式に進行していくシステムのことを言います。この中で代表的なものは intro.js[†2] です。

インタラクティブチュートリアルシステムを利用するメリットは，オンライン上でわかりやすいチュートリアルを提供できる点にあります。ラボ実験では実験参加者が実験をよく理解できない場合や動作がうまくいかない場合には，物理的に近い場所にいるために，実験実施者がサポート可能です。しかし，オンライン実験では実験実施者と実験参加者が物理的に離れた場所にいることからラボ実験のような細かな対応は困難です。

そのために，理解を少しでも深めてもらうために，半ば強制的にインストラクションに目を通してもらうような仕組みは有用かもしれません。そのために，インタラクティブチュートリアルシステムを利用することが有効であると考えられます。また，不十分な理解は途中離脱につながる可能性もあります。したがって，少しでも実験を理解してもらいやすいように環境構築をしておくことが必要になるかと思います。

いまのところ，筆者が行ってきた実験では，intro.js を導入することで読み飛ばしを 20%程度抑制できる一方で[50),51)]，ゲーム実験の結果には影響を与えないという結果が得られています[52),53)]。このことを踏まえると，適切な技術的介入によって実験参加者の理解を促し，より良い実験ができるようになるかもしれません。この辺には研究の課題がまだまだあるように思います[†3]。

[†1] https://www.highcharts.com
[†2] https://introjs.com/
[†3] 逆に，強制的に「読み飛ばし」を行わせることもできるでしょう。ある意味でナッジの反対語でもあるスラッジのような「悪用」するような実験も実施しようと企んでいます。

A.8 さまざまな Web 技術の活用　　203

　これらの技術は，一般的な Web ページ作成時にもよく使われています。oTree では，フロントエンドに html を使用しているため，自由度の高い設定が可能です。oTree を使った社会科学実験では，さまざまな既存の Web 技術を導入できるために，それらの技術を組み合わせると新たな研究を開拓できるかもしれません。

引用・参考文献

【本文中で引用している文献】

1) 西條辰義, 清水和巳（編著）：実験が切り開く 21 世紀の社会科学（フロンティア実験社会科学 1）, 勁草書房 (2014)

2) 亀田達也：連帯のための実験社会科学——共感・分配・秩序——（シリーズソーシャル・サイエンス）, 岩波書店 (2022)

3) 川越敏司：実験経済学, 東京大学出版会 (2007)

4) 花木伸行, 島田夏美：実験から始める経済学の第一歩（有斐閣ストゥディア）, 有斐閣 (2023)

5) 田口聡志：実験制度会計論——未来の会計をデザインする——, 中央経済社 (2015)

6) 廣瀬喜貴, 後藤晶：会計コンテクストの有無が実験結果に及ぼす影響：クラウドソーシング・オンライン実験による検証, 大阪市立大学経営研究, **70**(3), pp.1–19 (2019)

7) Chamberlin, E. H.：n experimental imperfect market, *Journal of political economy*, **56**(2), pp.95–108 (1948)

8) Smith, V. L.：Experimental economics: Induced value theory, *The American Economic Review*, **66**(2), pp.274–279 (1976)

9) 和田良子：実験経済学・行動経済学 15 講（ライブラリ経済学 15 講 APPLIED 編 4）, 新世社 (2020)

10) 川越敏司：実験経済学方法論に関する最近の研究動向——報酬支払法を中心とした考察——, 行動経済学, **12**, pp.15–25 (2019)

11) Haley, K. J., and Fessler, D. M.：Nobody's watching?: Subtle cues affect generosity in an anonymous economic game, *Evolution and Human behavior*, **26**(3), pp.245–256 (2005)

12) Mifune, N., Hashimoto, H., and Yamagishi, T.：Altruism toward in-group members as a reputation mechanism, *Evolution and Human Behavior*, **31**(2), pp.109–117 (2010)

13) Matsugasaki, K., Tsukamoto, W., and Ohtsubo, Y.：Two failed replications of the watching eyes effect, *Letters on Evolutionary Behavioral Science*, **6**(2),

pp.17–20 (2015)

14) Otsubo, K., Masuda, Y., and Yamaguchi, H.："Watching Eyes" Do Not Strengthen the Behavioral Intention of Donating Blood: A High-Powered Pre-registered Replication Study, *Letters on Evolutionary Behavioral Science*, **14**(1), pp.26–31 (2023)

15) Rotella, A., Sparks, A. M., Mishra, S., and Barclay, P.：No effect of 'watching eyes': An attempted replication and extension investigating individual differences, *Plos one*, **16**(10), e0255531 (2021)

16) エステル・デュフロほか（小林庸平監訳・解説）：政策評価のための因果関係の見つけ方—ランダム化比較試験入門—, 日本評論社 (2019)

17) アンドリュー・リー（上原裕美子訳）：RCT 大全—ランダム化比較試験は世界をどう変えたのか—, みすず書房 (2020)

18) Frey, B. S. and Jegen, R.：Motivation crowding theory, *Journal of economic surveys*, **15**(5), pp.589–611 (2001)

19) 大洞公平：成果主義賃金に関する行動経済学的分析, 日本労働研究雑誌, **554**, pp.36–46 (2006)

20) 依田高典：データサイエンスの経済学—調査・実験, 因果推論・機械学習が拓く行動経済学—, 岩波書店 (2023)

21) 鳥海不二夫（編著）：計算社会科学入門, 丸善出版 (2021)

22) Salganik, M. J.：Bit by bit: Social research in the digital age, Princeton University Press (2019)

23) Lazer, D., Pentland, A., Adamic, L., et. al.：Computational Social Science, *Science*, **323**(5915), pp.721–723 (2009)

24) 森知晴：インターネットを利用した「経済実験」の動向と展望, 日本労働研究雑誌, **705**, pp.2–7 (2019)

25) 黒木大一朗：ウェブ実験の長所と短所, およびプログラム作成に必要となる知識, 基礎心理学研究, **38**(2), pp.250–257 (2020)

26) Fischbacher, U.：z-Tree: Zurich toolbox for ready-made economic experiments, *Experimental Economics*, **10**(2), pp.171–178 (2007)

27) 鹿島久嗣, 小山聡, 馬場雪乃：ヒューマンコンピュテーションとクラウドソーシング（機械学習プロフェッショナルシリーズ）, 講談社 (2016)

28) 森嶋厚行：クラウドソーシングが不可能を可能にする—小さな力を集めて大きな力に変える科学と方法—（共立スマートセレクション 32）, 共立出版 (2020)

29) Chen, D. L., Schonger, M. and Wickens, C.：oTree – An open-source plat-

form for laboratory, online, and field experiments, *Journal of Behavioral and Experimental Finance*, **9**, pp.88–97 (2016)

30) Duch, M., Grossmann, M. R. P., and Lauer, T.：z-Tree unleashed: A novel client-integrating architecture for conducting z-Tree experiments over the Internet, University of Cologne, Working Paper Series in Economics, No.99 (2020)

31) 林良平：オンライン経済実験教材の開発, 行動経済学, **9**, pp.122–131 (2016)

32) Bodsky, R.：MOBLAB: a new technology for running interactive and strategic games in social science classes, in *Proc. EDULEARN14*, pp.171–178 (2014)

33) Hendriks, A.：SoPHIE – Software Platform for Human Interaction Experiments, University of Osnabrueck, Working Paper (2012)

34) McKnight, M. E. and Christakis, A. N.：Breadboard: Software for online social experiments, Yale University (2016)

35) Giamattei, M., et al.：LIONESS Lab: a Free Web-Based Platform for Conducting Interactive Experiments Online, *Journal of the Economic Science Association*, **6**, pp.95–111 (2020)

36) Balietti, S.：nodeGame: Real-time, synchronous, online experiments in the browser, *Behavior Research Methods*, **49**, pp.1696–1715 (2017)

37) Henninger, F., Shevchenko, Y., Mertens, U. K., et al.：lab.js: A free, open, online study builder (2020)
doi: 10.5281/zenodo.597045

38) de Leeuw, J. R.：jsPsych: A JavaScript library for creating behavioral experiments in a web browser, *Behavior Research Methods*, **47**(1), pp.1–12 (2015)

39) Peirce, J. W., et al.：PsychoPy2: experiments in behavior made easy, *Behavior Research Methods*, **51**, pp.195–203 (2019)

40) Stoet, G.：PsyToolkit: A novel web-based method for running online questionnaires and reaction-time experiments, *Teaching of Psychology*, **44**(1), pp.24–31 (2017)

41) 小林佳世子：最後通牒ゲームの謎―進化心理学からみた行動ゲーム理論入門―, 日本評論社 (2021)

42) 友野典男：行動経済学―経済は「感情」で動いている―(光文社新書), 光文社 (2006)

引 用 ・ 参 考 文 献　　　207

43) 山岸俊男：信頼の構造—こころと社会の進化ゲーム—, 東京大学出版会 (1998)

44) 日本心理学会：日本心理学会倫理規定
http://www.psych.or.jp/publication/inst/rinri_kitei（2024 年 5 月 10 日確認）

45) 星野崇宏：調査観察データの統計科学—因果推論・選択バイアス・データ融合—
（確率と情報の科学）, 岩波書店 (2009)

46) 高橋将宜, 渡辺美智子：欠測データ処理—R による単一代入法と多重代入法—（統計学 One Point 5）, 共立出版 (2017)

47) 石田基広（監修）高橋将宜（著）：統計的因果推論の理論と実装—潜在的結果変数と欠測データ—（Wanderful R 5）, 共立出版 (2022)

48) 三浦麻子, 小林哲郎：オンライン調査モニタの Satisfice に関する実験的研究, 社会心理学研究, **31**(1), pp.1–12 (2015)

49) 三浦麻子, 小林哲郎：オンライン調査における努力の最小化が回答行動に及ぼす影響. 行動計量学, **45**(1), pp.1–11 (2018)

50) 後藤晶：オンライン上におけるゲーム実験環境の開発（継続）, 公益財団法人電気通信普及財団研究報告 (2019)
https://www.taf.or.jp/files/items/1648/File/後藤晶.pdf

51) 山本輝太郎, 後藤晶：Satisfice に対する技術的対応策としての Intro.js 効果の検討—オンライン調査の信頼性向上に向けて—, 第 17 回情報コミュニケーション学会全国大会, オンライン開催 (2020)

52) 後藤晶：Satisfice 問題に対するシステムによる解決策の検討：クラウドソーシングによるオンライン実験から, 情報処理学会研究報告, 2023-IS-165(6), pp.1–7 (2023)

53) 後藤晶：クラウドソーシング実験の現状と課題, 第 26 回実験社会科学カンファレンス, 早稲田大学早稲田キャンパス (2023)

54) 後藤晶：ビッグデータと経済実験：クラウドソーシングを用いたオンライン実験の可能性, 日本認知科学会第 36 回大会, OS02-2 (2019)

55) 後藤晶：ビッグデータ時代の経済ゲーム実験：クラウドソーシングを用いた大規模公共財ゲーム実験の実施, 情報処理学会論文誌, **62**(5), pp.1246–1260 (2021)

【より詳しく学ぶために】
●社会科学実験について

社会科学実験や oTree について詳しく学ぶために, 必要な技術や知識に関わる資料を紹介します。

208　引用・参考文献

川越敏司（訳）：実験経済学──研究と実践の手引き──，朝倉書店 (2024)
　　N. Jacquemet と O. L'Haridon による著書 "Experimental Economics–Methods
　　and Applications" を翻訳された本です。この本は，経済学実験を行うために必要
　　な知見が整理されている教科書です。もともと大学院の講義を目的として書かれ
　　たテキストであり，少し難しいかもしれませんが実験前に読んでおくと学ぶこと
　　がたくさんありますし，実験を実施したあとに読むと理解がよく深まるでしょう。

**三浦麻子（監修・著）：なるほど！心理学研究法（心理学ベーシック 1），北大路書房
(2017)**
　　心理学には，人間の行動に関する実験の蓄積があります。まったく触れずに実験
　　を検討するのはナンセンスでしょう。このシリーズは 5 冊の本からなります。シ
　　リーズの中でも「研究法」「実験法」「調査法」は実験研究にも深く関連する項目で
　　あり勉強になりました。特に，社会科学実験を実施する際には，併せて心理尺度
　　をとることも多いのですが，多くの社会科学者は心理尺度を安易に扱っている印
　　象があります。一度しっかり学ぶことで，研究の幅を広げられるように思います。

**日本学術会議社会学委員会 Web 調査の課題に関する検討分科会：Web 調査の有効
な学術的活用を目指して，日本学術会議 (2020)**
　　https://www.scj.go.jp/ja/info/kohyo/pdf/kohyo-24-t292-3.pdf
　　「Web 調査の有効な学術的活用を目指して」では，Web 調査を有効に活用する
　　ためのメリットとデメリットについて整理しています。特に，クラウドソーシン
　　グ実験を行う際には，注意すべき観点が指摘されていますので，参考にしてくだ
　　さい。

● oTree について
　　本書内で十分に紹介しきれなかった情報については，サポートサイトでも用意し
　　ますが，以下も参考になります。

oTree の公式マニュアル
　　　https://otree.readthedocs.io/ja/latest/index.html
　　oTree の細かな機能が日本語で紹介されています。本書では十分に説明できてい
　　ない部分についてはこちらでご確認ください。

大阪大学社会経済研究所の oTree 勉強会資料
　　　https://yshimod.github.io/otree5-seminar/
　　大阪大学社会経済研究所で行われた oTree の勉強会での資料が紹介されています。
　　かなりアドバンスな内容まで紹介されていますのでこちらも参考になります。

oTree の公式フォーラム

https://groups.google.com/forum/#!forum/otree

oTree に関する質問やディスカッションが行われています（英語）。問題解決のヒントが得られるかもしれません。

● Python について

まずは，Python について基本的なプログラムがわかると，社会科学実験だけではなくデータサイエンス一般や AI に関する研究も大きく広げられる可能性があります。

とほほの Python 入門

https://www.tohoho-web.com/python/

Python に関わる基本的なプログラムを紹介されています。

Python 公式ドキュメント

https://docs.python.org/ja/3/

Python の公式なリファレンスやチュートリアルが提供されています。

PyQ

https://pyq.jp/

インタラクティブな Python の学習コースが提供されています。

Python チュートリアル（Python-izm）

https://www.python-izm.com/

初心者向けの Python チュートリアルが提供されています。

● Django テンプレートについて

現行バージョンの oTree は Django に依存しているわけではないのですが，多くの部分で共通している箇所があります。Django テンプレートエンジンを参考とすることで，oTree のページをより柔軟にカスタマイズすることができます。以下のリソースを参考にしてください。

Django 公式ドキュメント

https://docs.djangoproject.com/ja/5.0/

Django テンプレートエンジンの基本的な使い方や詳細が紹介されています。

Django Girls Tutorial

https://tutorial.djangogirls.org/ja/

初心者向けに Django の基本からテンプレートの使い方までを学ぶことができます。

MDN Web Docs の Django ガイド

   https://developer.mozilla.org/ja/docs/Learn/Server-side/Django

   Django の基本的な使い方やテンプレートのカスタマイズ方法が紹介されています。

● **Bootstrap について**

   7 章でも紹介しましたが，oTree は Bootstrap を利用することで，PC，スマートフォンの両者への対応を可能としています。Bootstrap とは，Twitter 社が開発したオープンソースのフロントエンドフレームワークです。レスポンシブデザインを簡単に実現し，PC やスマートフォンなどさまざまなデバイスに対応した Web ページを作成することができます。oTree は Bootstrap を利用することで，実験プログラムのユーザインタフェースを簡単に整えられるようになっています。以下のリソースを参考にしてください。

Bootstrap 公式サイト

   https://getbootstrap.com/

   Bootstrap の基本的な使い方やコンポーネントの詳細が紹介されています。

Bootstrap 日本語リファレンス

   https://bootstrap-guide.com/

   日本語で Bootstrap の使い方が詳しく説明されています。

おわりに

　最後に，社会科学実験におけるバーチャルラボ実験の新たな可能性について検討しましょう。個人的には図に示すような（オンライン）ラボ実験とクラウドソーシング実験のコラボレーションは新たな社会科学実験研究の一つの方向性ではないかと考えています。これは，クラウドソーシング実験を実施して獲得した知見をラボ実験で精緻に検証する，もしくは（オンライン）ラボ実験で獲得された知見の一般化可能性をクラウドソーシングにより検証することを指してます。

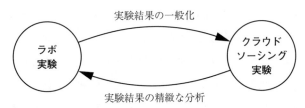

図　（オンライン）ラボ実験とクラウドソーシング実験のコラボレーション

　このコラボレーションには二つの側面があります。一つは，（オンライン）ラボ実験で獲得した知見の頑健性を検証し，実験結果の一般化を図るという側面です。ラボ実験はあくまでも実験参加者は学生などの実験実施者がアクセスしやすい実験参加者が中心となってしまいます。しかしながら，クラウドソーシング実験においては幅広い社会経済的属性を持つ実験参加者にアクセス可能となります。したがって，（オンライン）ラボ実験の結果がその実験参加者のみに限られた結果なのか，もしくは幅広いバックグラウンドを持つ実験参加者にも適用できる結果なのか検証が可能となります。また，すべての実験参加者に効果がなかったとしても，どのような実験参加者に効果があり，どのような実験参加者には効果がないのか影響する対象をより詳細に分析できる可能性もあり

ます。

　もう一つはクラウドソーシング実験による結果の妥当性を，ラボ実験によって検証可能になるという側面です。クラウドソーシング実験には先述のとおり，課題を十分な検討をせずに，一部のみを検討して回答する satisfice 問題が構造として生じやすかったり，実験参加者の環境を統制できないなどの課題が残っています。しかしながら，クラウドソーシングで獲得された知見をラボ実験でも再現できれば，その結果の妥当性を検証することも可能です。

　oTree を用いれば，このようなコラボレーションは容易に行うことができます。oTree で実験プログラムを作成した場合，ブラウザ上で実験を実施できるので，ラボであってもインターネットに接続されている PC があれば同一の実験を実施することができます。したがって，このような（オンライン）ラボ実験とクラウドソーシング実験のコラボレーションも非常に容易になります。

　この観点は，再現可能性の問題においても重要でしょう。例えば，oTree のようなオンライン上で実施可能な形式で実験プログラムを開発し，オンライン上で公開すればいつでもだれでも再現実験を容易に実施することが可能となります。さまざまな実験が広くオンライン上で実験可能となれば，さまざまな手法によって再現可能性が検証されることになり，知見の妥当性・頑健性を確認することができるようになります。

　さて，本書では oTree を使った社会科学実験の作り方を学びました。社会科学における実験研究にはさまざまな課題があることは事実です。しかしながら，社会科学における新たな切り口の一つとして注目をされている手法でもあります。本書をきっかけに，多くの方に実験研究に興味・関心を抱いていただけると幸いです。

　また，本書はあくまでも入門であり，紹介できていないことがたくさんあります。oTree で利用可能な技術についても十分に紹介できていませんし，プログラムを効率的に行う方法についても紹介できていません。筆者は現在 oTree

のプログラムを書くときには，VS Code だけでなく Cursor[†1]というエディタを使ったり，Github Copilot[†2]などの，"AI" の力を借りながらプログラムを組んでいます[†3]。この辺まで来ると，oTree の話を超えてプログラミング一般の本になってしまうような気もします。

いずれにしろ，本書では実験社会科学の入り口を紹介しました。ぜひ，皆さんも実際に oTree を使って実験プログラムを作成して，一緒に社会科学実験をやってみましょう！

謝　　辞

本書は，玉川大学脳科学トレーニングコース，日本認知科学会オーガナイズドセッション[54]，関西学院大学社会心理学研究センター，東京科学大学大和毅彦研究室連続セミナー，日本経済会計学会チュートリアルセッション，日本分類学会データ分析セミナーにおける oTree によるオンライン実験に関わる発表や講演，論文[55] および明治大学情報コミュニケーション学部 2 年生秋学期開講科目である「問題発見テーマ演習 B」における講義資料をもとに執筆しました。

講演の機会をいただいた玉川大学高岸治人先生，追手門学院大学本田秀仁先生，成城大学中村國則先生，関西学院大学清水裕士先生，東京科学大学大和毅彦先生，東京科学大学福田恵美子先生，立命館大学竹内あい先生，大阪大学三輪一統先生，多摩大学久保田貴文先生，および筆者が担当した「問題発見テーマ演習 B」の履修者の皆さんに感謝申し上げます。また，一緒に研究を実施してくださっている早稲田大学清水和巳先生，早稲田大学上條良夫先生，鹿児島大学大薗博記先生，同志社大学田口聡志先生，立正大学山本仁志先生，創価大学岡田勇先生，津田塾大学鈴木貴久先生，国立研究開発機構産業技術総合研究所梅谷凌平先生，静岡大学一ノ瀬元喜先生，奈良女子大学安藤香織先生，公立はこだて未来大学川越敏司先生に感謝申し上げます。そして，筆者の指導教員であった友野典男先生に感謝申し上げます。

また，共同研究を行いながら，さまざまな Python に関わる技術的な知見を提供してくださった NEC ソリューションイノベータ株式会社の皆さまは本書の技術的な点についてもチェックしてくださいました。特に詳細にチェックいただいた日室聡仁さんをはじめ，笹鹿祐司さん，江島直也さん，北野翔大さんにも感謝申し上げます。

[†1]　https://cursor.sh/
[†2]　https://github.com/features/copilot
[†3]　ちなみに，本書は LaTeX で書いているのですが，そのエディタとして Cursor を使っています。かなり便利でオススメです。

おわりに

さらに，関東学院大学本田正美先生，高知工科大学林良平先生，大阪公立大学廣瀬喜貴先生，関西学院大学水野景子先生，金沢星稜大学山本輝太郎先生，京都文教大学山本佳祐先生および九州大学河添俊太朗さんには執筆段階で原稿を確認いただきました。いただいたコメントをもとに原稿を大幅に改稿することができました。どうもありがとうございます。

なお，JSPS 科研費 19K20634，19H01470，21KK0027，22K18153，23H00802 の助成による研究の成果，ならびに NEC ソリューションイノベータ株式会社との共同研究の経験が本書の執筆に反映されています。ここに記して感謝申し上げます。

本書をまとめるにあたって多くの方々のお世話になっています。カバー・表紙デザインについては，筆者のゼミ生である大久保都季さんにお願いし，大変素晴らしい仕上がりとなりました。ありがとうございます。執筆の機会をいただいたコロナ社の皆さまに厚くお礼を申し上げます。なお，本書の内容に関する責任はもちろんすべて筆者にあります。誤りや不十分な記述などのご叱り，さらには改善のご提案などございましたら，筆者までお知らせいただけますと幸いです。どうぞよろしくお願い申し上げます。

最後に，本書は人生初の単著の書籍です。本書は，私を（祖父母とともに）女手一つで育ててくれた母・容子がいなければ生まれることはありませんでした。また，プライベートを支えてくれている（？）名前を明かすことを恥ずかしがる「うちの人」に深く感謝申し上げます。

どうもありがとうございました。

索　引

【あ】

アプリケーション（アプリ）　29, 30

【い】

一変量代入法　173
一般データ保護規則　165
インストラクション　19
インセンティブ　6
インセンティブの公正性　175
インフォームドコンセント　174

【え】

演算子　188

【お】

応答変数　3
オンライン実験　9
オンラインラボ実験　10, 14

【か】

外的妥当性　8
開発経済学　9
確認テスト　19
価値誘発理論　2
感応性　2

【く】

クラウディングアウト　6
クラウドソーシング実験　10, 15

【け】

経済実験　6
計算社会科学　10
結果の確認　19
欠損値補完　173
限界収益率　70

【こ】

公共財ゲーム　69
コメントアウト　188
コンジョイント実験　7
コンジョイント分析　7
コンテンツブロック　192
コントロール群　4

【さ】

最終提案ゲーム　107
サブセッション　30
算術演算子　189

【し】

事後整理　20
事前説明　18, 21
実験群　4
実験経済学　2, 6
実験室実験　8
実験社会科学　1, 6
社会科学　1
社会科学実験　7
情報の秘匿　2
信頼ゲーム　136
心理実験　6

【せ】

成果報酬　6
セッション　30
セッション全体リンク　58
選　好　2

【た】

対照群　4
多重代入法　173

【つ】

使い切りリンク　59

【て】

データ構造　189
データの管理　175
デセプションの管理　175
デブリーフィング　174
テンプレートブロック　192

【と】

統制群　4
独裁者ゲーム　89
独立変数　3
努力の最小限化問題　167

【は】

バーチャルラボ実験　10, 13
パティシパント　31

【ひ】

比較演算子　189
非飽和性　2

【ふ】

フィールド実験	9
プライバシーの保護	174
フリーライダー	70
プルダウンメニュー	43
プレイヤー	31
プレレジストレーション（プレレジ）	176
プロジェクト	29
プロジェクトフォルダ	32
分割画面モード	58

【へ】

ペアワイズ除去法	173
変数とデータ型	188

【ほ】

報酬の支払い	20
本実験	19

【も】

問題発生時の対応策	175

【ゆ】

優越性	2

【ら】

ラジオボタン	43
ラボ実験	8, 11
ランダム化比較試験	4

【り】

リスクの最小化	174
リストワイズ除去法	173
離脱の自由	174

【る】

類似性	2, 8

【れ】

レジストレーションレポート（レジレポ）	176
レスポンシブデザイン	28
レスポンシブ Web デザイン	170
練習実験	19

【ろ】

論理演算子	189

【B】

BooleanField	196

【C】

CurrencyField	195

【F】

FloatField	196
for 文	190, 194

【G】

GDPR	165

【H】

HARKing	176

【I】

highcharts	202
if 文	190, 193
IntegerField	195
intro.js	202

【L】

LongStringField	197

【M】

MAR	173
MCAR	173
mouseflow	201
MPCR	70

【N】

NMAR	173

【P】

Python	188

【R】

RCT	4

【S】

satisfice 問題	166
StringField	197

【W】

while 文	190

―― 著者略歴 ――

2008年	中央大学総合政策学部政策科学科卒業
2010年	明治大学大学院情報コミュニケーション研究科修士課程修了
2010年	明治大学助手
2013年	山梨英和大学助教
2015年	明治大学大学院情報コミュニケーション研究科博士後期課程修了
	博士（情報コミュニケーション学）
2018年	多摩大学専任講師
2019年	明治大学専任講師
2023年	明治大学准教授
	現在に至る

oTree ではじめる社会科学実験入門
―― Python のインストールから実験の実施まで ――
Introduction to Experiments in Social Sciences Using oTree
―― From Installing Python to Conducting Experiments ――

Ⓒ Akira Goto 2024

2024年12月27日　初版第1刷発行　　　　　　　　　　　★

	著　者	後　藤　　　晶
	発行者	株式会社　コロナ社
		代表者　牛来真也
	印刷所	三美印刷株式会社
	製本所	有限会社　愛千製本所

112-0011　東京都文京区千石 4-46-10
発行所　株式会社　コ ロ ナ 社
CORONA PUBLISHING CO., LTD.
Tokyo Japan
振替 00140-8-14844・電話(03)3941-3131(代)
ホームページ　https://www.coronasha.co.jp

ISBN 978-4-339-02948-3　C3033　Printed in Japan　　　　　　（松岡）

JCOPY　＜出版者著作権管理機構　委託出版物＞
本書の無断複製は著作権法上での例外を除き禁じられています。複製される場合は，そのつど事前に，出版者著作権管理機構（電話 03-5244-5088，FAX 03-5244-5089，e-mail: info@jcopy.or.jp）の許諾を得てください。

本書のコピー，スキャン，デジタル化等の無断複製・転載は著作権法上での例外を除き禁じられています。
購入者以外の第三者による本書の電子データ化および電子書籍化は，いかなる場合も認めていません。
落丁・乱丁はお取替えいたします。

シリーズ 情報科学における確率モデル

(各巻A5判)

■編集委員長　土肥　正
■編集委員　　栗田多喜夫・岡村寛之

配本順			著者	頁	本体
1	（1回）	統計的パターン認識と判別分析	栗田　多喜夫／日高　章理　共著	236	3400円
2	（2回）	ボルツマンマシン	恐神　貴行著	220	3200円
3	（3回）	捜索理論における確率モデル	宝崎　隆祐／飯田　耕司　共著	296	4200円
4	（4回）	マルコフ決定過程 ―理論とアルゴリズム―	中出　康一著	202	2900円
5	（5回）	エントロピーの幾何学	田中　勝著	206	3000円
6	（6回）	確率システムにおける制御理論	向谷　博明著	270	3900円
7	（7回）	システム信頼性の数理	大鑄　史男著	270	4000円
8	（8回）	確率的ゲーム理論	菊田　健作著	254	3700円
9	（9回）	ベイズ学習とマルコフ決定過程	中井　達著	232	3400円
10	（10回）	最良選択問題の諸相 ―秘書問題とその周辺―	玉置　光司著	270	4100円
11	（11回）	協力ゲームの理論と応用	菊田　健作著	284	4400円
		マルコフ連鎖と計算アルゴリズム	岡村　寛之著		
		確率モデルによる性能評価	笠原　正治著		
		ソフトウェア信頼性のための統計モデリング	土肥　正／岡村　寛之　共著		
		ファジィ確率モデル	片桐　英樹著		
		高次元データの科学	酒井　智弥著		
		空間点過程とセルラネットワークモデル	三好　直人著		
		部分空間法とその発展	福井　和広著		
		連続-kシステムの最適設計 ―アルゴリズムと理論―	山本　久志／秋葉　知昭　共著		

定価は本体価格+税です。
定価は変更されることがありますのでご了承下さい。

‖‖‖‖‖‖‖‖‖‖‖‖‖‖‖‖‖‖‖‖　図書目録進呈◆